航空模型科普比赛典型模型的制作与试飞

主　编　张成茂
副主编　万齐顺　戚兆云　宋秋龙　陈兰芳
参　编　张成雷　张玉华　李子巳　张荣国
　　　　张宏图　冯书港　季本源　王广虎

电子工业出版社
Publishing House of Electronics Industry
北京·BEIJING

内 容 简 介

本书由易到难，将航空模型科普比赛中的典型模型分为六大类，系统地介绍了每类航空模型制作与试飞的相关知识。第 1 章纸飞机类，介绍了苏珊纸飞机、零式纸战斗机、纸风火轮、手掷纸战斗机、冲浪纸飞机等的制作与试飞；第 2 章橡皮筋动力类，介绍了以橡皮筋为动力的直升机、滑翔机、仿真橡皮筋动力飞机、扑翼机、弹射飞机等的制作与试飞；第 3 章火箭类，介绍了气动火箭、水火箭、伞降火箭和火箭助推滑翔机等的制作与试飞；第 4 章自由飞类，介绍了手掷飞机、回旋飞机、电动自由飞等的制作与试飞；第 5 章线操纵类，介绍了线操纵飞机的制作与试飞；第 6 章遥控类，介绍了遥控固定翼、遥控纸飞机、遥控直升机、遥控四轴无人机的制作与试飞。

本书可作为航空航天类专业基础教材，也可作为航空模型兴趣班教材使用，还可作为航空模型爱好者的参考书。

未经许可，不得以任何方式复制或抄袭本书之部分或全部内容。
版权所有，侵权必究。

图书在版编目（CIP）数据

航空模型科普比赛典型模型的制作与试飞 / 张成茂主编. —北京：电子工业出版社，2024.5
ISBN 978-7-121-47934-2

Ⅰ．①航⋯ Ⅱ．①张⋯ Ⅲ．①航模－制作－青少年读物 Ⅳ．①G875.3-49

中国国家版本馆CIP数据核字（2024）第104173号

责任编辑：刘小琳　　特约编辑：韩国兴
印　　刷：天津嘉恒印务有限公司
装　　订：天津嘉恒印务有限公司
出版发行：电子工业出版社
　　　　　北京市海淀区万寿路 173 信箱　邮编：100036
开　　本：720×1 000　1/16　印张：12.75　字数：222 千字
版　　次：2024 年 5 月第 1 版
印　　次：2024 年 5 月第 1 次印刷
定　　价：60.00 元

凡所购买电子工业出版社图书有缺损问题，请向购买书店调换。若书店售缺，请与本社发行部联系，联系及邮购电话：(010) 88254888，88258888。
质量投诉请发邮件至 zlts@phei.com.cn，盗版侵权举报请发邮件至 dbqq@phei.com.cn。
本书咨询联系方式：liuxl@phei.com.cn，(010) 88254538。

前 言

航空模型是各种航空器模型的总称。在载人航空器出现之前，人们就已经创造出了各种能够飞行的航空模型。千百年来，人类从未停止过对蓝天的向往，更有许多前辈为此付出了宝贵的生命。

从1956年起，我国开始每年举办全国性的航空模型比赛，我国的现代航空模型运动开始蓬勃发展，人们对航空模型的兴趣逐渐提高。1975年以后，我国的航空模型运动转入竞技体制，操纵的技术水平迅速提高，许多项目达到了世界一流水平。

随着国家"双减"政策的出台，航空模型和无人机课程逐渐出现在校园中，在小学和初中的发展最为迅速。但是航空模型和无人机一般被作为选修课开设，学校并没有给予足够的重视，往往由其他专业的老师代课，再加上相关的教材存在很大空缺，课程最终取得的效果并不理想。本书的编写意在对航空模型科普比赛中常见航空模型的制作与试飞进行补充。

本书在编写的过程中力求贯彻以下基本思想：

（1）从零基础读者的角度出发，理论联系实际，方便读者掌握基本技能。

（2）尽量多用图示反映制作步骤，方便读者理解。

（3）在保证基本内容的基础上，尽量采用与时俱进的图文表述方式。

本书由易到难，将航空模型科普比赛中的典型航空模型分为六大类，系统地讲述了每类航空模型制作与试飞的相关知识。第1章纸飞机类，介绍了苏珊纸飞机、零式纸战斗机、纸风火轮、手掷纸战斗机、冲浪纸飞机等的制作与试飞，可以提升读者的动手能力；第2章橡皮筋动力类，介绍了以橡皮筋为动力的直升机、滑翔机、仿真橡皮筋动力飞机、扑翼机、弹射飞机等的制作与试飞，加深读者对航空模型各个结构的理解；第3章火箭类，介绍了气动火箭、水火箭、伞降火箭和火箭助推滑翔机等的制作与试飞，激发读者对太空的向往；第 4 章自由飞类，介绍了手掷飞机、回旋飞机、电动自由飞等的制作与试飞，通过一系列趣味飞行提高读者对航空模型的兴趣；第 5 章线操纵类，通过线操纵飞机的制作与试飞，回顾历史，带读者了解最早的可控航空模型；第 6 章遥控类，介绍了遥控固定翼、遥控纸飞机、遥控直升机、遥控四轴无人机的制作与试飞，开阔读者眼界，引导读者选择自己心仪的航空模型。

由于编者水平有限，书中难免存在错误和不足之处，恳请广大读者批评指正，便于后续对本书的修订。

编者
2024 年 1 月

目　录

第1章　纸飞机类 ··· 001

1.1　空中标枪——苏珊纸飞机 ··· 002
1.1.1　纸折飞机直线距离赛规则 ··· 002
1.1.2　苏珊纸飞机的制作 ·· 003
1.1.3　苏珊纸飞机的试飞 ·· 008

1.2　滞空大师——零式纸战斗机 ··· 008
1.2.1　纸折飞机留空计时赛规则 ··· 008
1.2.2　零式纸战斗机的制作 ·· 010
1.2.3　零式纸战斗机的试飞 ·· 014

1.3　舞动风采——超级风火轮 ·· 014
1.3.1　纸风火轮单向积分赛规则 ··· 014
1.3.2　纸风火轮的制作 ·· 015
1.3.3　纸风火轮的试飞 ·· 017

1.4　航母重器——手掷纸战斗机 ··· 018
1.4.1　仿真纸折飞机航母着舰积分赛规则 ································ 018
1.4.2　歼-15航空模型的制作 ··· 019
1.4.3　仿真纸飞机趣味飞行赛规则 ·· 025
1.4.4　歼-20航空模型的制作 ··· 027
1.4.5　两架航空模型的试飞 ·· 036

1.5　翱翔蓝天——冲浪纸飞机 ·· 037
1.5.1　悬浮纸飞机绕标挑战赛规则 ·· 037
1.5.2　冲浪纸飞机的飞行原理 ··· 039
1.5.3　冲浪纸飞机的制作 ·· 040

1.5.4　冲浪纸飞机的试飞⋯⋯⋯⋯⋯⋯⋯⋯⋯⋯⋯⋯⋯⋯⋯⋯⋯⋯⋯⋯⋯⋯043

第2章　橡皮筋动力类⋯⋯⋯⋯⋯⋯⋯⋯⋯⋯⋯⋯⋯⋯⋯⋯⋯⋯⋯⋯⋯⋯⋯⋯⋯⋯⋯045

2.1　武装旋翼——橡皮筋动力直升机⋯⋯⋯⋯⋯⋯⋯⋯⋯⋯⋯⋯⋯⋯⋯⋯⋯⋯⋯046
2.1.1　纸直升机留空计时赛规则⋯⋯⋯⋯⋯⋯⋯⋯⋯⋯⋯⋯⋯⋯⋯⋯⋯⋯046
2.1.2　直升机的发明⋯⋯⋯⋯⋯⋯⋯⋯⋯⋯⋯⋯⋯⋯⋯⋯⋯⋯⋯⋯⋯⋯⋯047
2.1.3　橡皮筋动力直升机的制作⋯⋯⋯⋯⋯⋯⋯⋯⋯⋯⋯⋯⋯⋯⋯⋯⋯048
2.1.4　橡皮筋动力直升机的试飞⋯⋯⋯⋯⋯⋯⋯⋯⋯⋯⋯⋯⋯⋯⋯⋯⋯051

2.2　空中骑士——初级橡皮筋动力滑翔机⋯⋯⋯⋯⋯⋯⋯⋯⋯⋯⋯⋯⋯⋯⋯⋯052
2.2.1　初级橡皮筋动力滑翔机比赛规则⋯⋯⋯⋯⋯⋯⋯⋯⋯⋯⋯⋯⋯⋯052
2.2.2　雷神号橡皮筋动力滑翔机的制作⋯⋯⋯⋯⋯⋯⋯⋯⋯⋯⋯⋯⋯⋯052
2.2.3　雷神号橡皮筋动力滑翔机的试飞⋯⋯⋯⋯⋯⋯⋯⋯⋯⋯⋯⋯⋯⋯059

2.3　空中战士——仿真橡皮筋动力飞机⋯⋯⋯⋯⋯⋯⋯⋯⋯⋯⋯⋯⋯⋯⋯⋯⋯060
2.3.1　仿真橡皮筋动力飞机比赛规则⋯⋯⋯⋯⋯⋯⋯⋯⋯⋯⋯⋯⋯⋯⋯060
2.3.2　红雀号仿真橡皮筋动力飞机的制作⋯⋯⋯⋯⋯⋯⋯⋯⋯⋯⋯⋯⋯060
2.3.3　红雀号仿真橡皮筋动力飞机的试飞⋯⋯⋯⋯⋯⋯⋯⋯⋯⋯⋯⋯⋯068

2.4　仿生精灵——橡皮筋动力扑翼机⋯⋯⋯⋯⋯⋯⋯⋯⋯⋯⋯⋯⋯⋯⋯⋯⋯⋯069
2.4.1　橡皮筋动力扑翼机比赛规则⋯⋯⋯⋯⋯⋯⋯⋯⋯⋯⋯⋯⋯⋯⋯⋯069
2.4.2　扑翼机的发明⋯⋯⋯⋯⋯⋯⋯⋯⋯⋯⋯⋯⋯⋯⋯⋯⋯⋯⋯⋯⋯⋯⋯070
2.4.3　橡皮筋动力扑翼机的制作⋯⋯⋯⋯⋯⋯⋯⋯⋯⋯⋯⋯⋯⋯⋯⋯⋯070
2.4.4　橡皮筋动力扑翼机的试飞⋯⋯⋯⋯⋯⋯⋯⋯⋯⋯⋯⋯⋯⋯⋯⋯⋯073

2.5　鹰击长空——橡皮筋弹射飞机⋯⋯⋯⋯⋯⋯⋯⋯⋯⋯⋯⋯⋯⋯⋯⋯⋯⋯⋯074
2.5.1　橡皮筋弹射滑翔机比赛规则⋯⋯⋯⋯⋯⋯⋯⋯⋯⋯⋯⋯⋯⋯⋯⋯074
2.5.2　燕鹰号橡皮筋弹射飞机的制作⋯⋯⋯⋯⋯⋯⋯⋯⋯⋯⋯⋯⋯⋯⋯075
2.5.3　燕鹰号橡皮筋弹射飞机的试飞⋯⋯⋯⋯⋯⋯⋯⋯⋯⋯⋯⋯⋯⋯⋯078

第3章　火箭类⋯⋯⋯⋯⋯⋯⋯⋯⋯⋯⋯⋯⋯⋯⋯⋯⋯⋯⋯⋯⋯⋯⋯⋯⋯⋯⋯⋯⋯⋯⋯⋯081

3.1　飞向太空——气动火箭⋯⋯⋯⋯⋯⋯⋯⋯⋯⋯⋯⋯⋯⋯⋯⋯⋯⋯⋯⋯⋯⋯⋯082
3.1.1　气动火箭距离挑战赛规则⋯⋯⋯⋯⋯⋯⋯⋯⋯⋯⋯⋯⋯⋯⋯⋯⋯082
3.1.2　脚踏式气动火箭的制作⋯⋯⋯⋯⋯⋯⋯⋯⋯⋯⋯⋯⋯⋯⋯⋯⋯⋯083

3.1.3 脚踏式气动火箭的试飞⋯⋯⋯⋯⋯⋯⋯⋯⋯⋯⋯⋯⋯⋯⋯⋯⋯086
3.2 探索未来——水火箭⋯⋯⋯⋯⋯⋯⋯⋯⋯⋯⋯⋯⋯⋯⋯⋯⋯⋯⋯⋯⋯086
   3.2.1 水火箭打靶比赛规则⋯⋯⋯⋯⋯⋯⋯⋯⋯⋯⋯⋯⋯⋯⋯⋯⋯⋯086
   3.2.2 水火箭的原理⋯⋯⋯⋯⋯⋯⋯⋯⋯⋯⋯⋯⋯⋯⋯⋯⋯⋯⋯⋯⋯088
   3.2.3 水火箭的制作⋯⋯⋯⋯⋯⋯⋯⋯⋯⋯⋯⋯⋯⋯⋯⋯⋯⋯⋯⋯⋯088
   3.2.4 水火箭的试飞⋯⋯⋯⋯⋯⋯⋯⋯⋯⋯⋯⋯⋯⋯⋯⋯⋯⋯⋯⋯⋯092
3.3 巧手制作——伞降火箭⋯⋯⋯⋯⋯⋯⋯⋯⋯⋯⋯⋯⋯⋯⋯⋯⋯⋯⋯⋯094
   3.3.1 伞降火箭比赛规则⋯⋯⋯⋯⋯⋯⋯⋯⋯⋯⋯⋯⋯⋯⋯⋯⋯⋯⋯094
   3.3.2 中国的第一枚导弹——东风一号⋯⋯⋯⋯⋯⋯⋯⋯⋯⋯⋯⋯⋯094
   3.3.3 "东风一号"模型火箭的制作⋯⋯⋯⋯⋯⋯⋯⋯⋯⋯⋯⋯⋯⋯⋯095
   3.3.4 "东风一号"模型火箭的试飞⋯⋯⋯⋯⋯⋯⋯⋯⋯⋯⋯⋯⋯⋯⋯103
   3.3.5 "东风一号"模型火箭安全准则⋯⋯⋯⋯⋯⋯⋯⋯⋯⋯⋯⋯⋯⋯105
3.4 创意无限——火箭助推滑翔机⋯⋯⋯⋯⋯⋯⋯⋯⋯⋯⋯⋯⋯⋯⋯⋯⋯106
   3.4.1 火箭助推滑翔机比赛规则⋯⋯⋯⋯⋯⋯⋯⋯⋯⋯⋯⋯⋯⋯⋯⋯106
   3.4.2 火箭助推起飞的应用⋯⋯⋯⋯⋯⋯⋯⋯⋯⋯⋯⋯⋯⋯⋯⋯⋯⋯106
   3.4.3 火箭助推滑翔机的制作⋯⋯⋯⋯⋯⋯⋯⋯⋯⋯⋯⋯⋯⋯⋯⋯⋯109
   3.4.4 火箭助推滑翔机的试飞⋯⋯⋯⋯⋯⋯⋯⋯⋯⋯⋯⋯⋯⋯⋯⋯⋯115

第 4 章 自由飞类⋯⋯⋯⋯⋯⋯⋯⋯⋯⋯⋯⋯⋯⋯⋯⋯⋯⋯⋯⋯⋯⋯⋯⋯⋯⋯⋯117
4.1 飞行奥秘——手掷飞机⋯⋯⋯⋯⋯⋯⋯⋯⋯⋯⋯⋯⋯⋯⋯⋯⋯⋯⋯⋯118
   4.1.1 手掷飞机直线竞距赛规则⋯⋯⋯⋯⋯⋯⋯⋯⋯⋯⋯⋯⋯⋯⋯⋯118
   4.1.2 手掷飞机的制作⋯⋯⋯⋯⋯⋯⋯⋯⋯⋯⋯⋯⋯⋯⋯⋯⋯⋯⋯⋯119
   4.1.3 手掷飞机的试飞⋯⋯⋯⋯⋯⋯⋯⋯⋯⋯⋯⋯⋯⋯⋯⋯⋯⋯⋯⋯122
4.2 空中雷霆——回旋飞机⋯⋯⋯⋯⋯⋯⋯⋯⋯⋯⋯⋯⋯⋯⋯⋯⋯⋯⋯⋯124
   4.2.1 趣味飞机竞技赛规则⋯⋯⋯⋯⋯⋯⋯⋯⋯⋯⋯⋯⋯⋯⋯⋯⋯⋯124
   4.2.2 幸运鸟回旋飞机的制作⋯⋯⋯⋯⋯⋯⋯⋯⋯⋯⋯⋯⋯⋯⋯⋯⋯125
   4.2.3 幸运鸟回旋飞机的试飞⋯⋯⋯⋯⋯⋯⋯⋯⋯⋯⋯⋯⋯⋯⋯⋯⋯128
4.3 电动飞侠——电动自由飞⋯⋯⋯⋯⋯⋯⋯⋯⋯⋯⋯⋯⋯⋯⋯⋯⋯⋯⋯129
   4.3.1 微型双翼飞机竞距赛规则⋯⋯⋯⋯⋯⋯⋯⋯⋯⋯⋯⋯⋯⋯⋯⋯129
   4.3.2 双翼飞机的历史⋯⋯⋯⋯⋯⋯⋯⋯⋯⋯⋯⋯⋯⋯⋯⋯⋯⋯⋯⋯131

  4.3.3　电动自由飞的制作 …………………………………………… 132

  4.3.4　电动自由飞的试飞 …………………………………………… 137

第 5 章　线操纵类 ……………………………………………………………… 139

 5.1　初级线操纵特技比赛规则 ……………………………………………… 140

 5.2　线操纵飞机的发展 ……………………………………………………… 141

 5.3　线操纵飞机的制作 ……………………………………………………… 142

 5.4　线操纵飞机的试飞 ……………………………………………………… 150

第 6 章　遥控类 ………………………………………………………………… 153

 6.1　驰骋蓝天——2.4G 遥控固定翼飞机 …………………………………… 154

  6.1.1　室外遥控固定翼飞机趣味飞行赛规则 ……………………… 154

  6.1.2　固定翼飞机简介 ……………………………………………… 155

  6.1.3　亚博特固定翼飞机模型的制作 ……………………………… 156

  6.1.4　亚博特固定翼飞机模型的试飞 ……………………………… 167

 6.2　滑翔天际——2.4G 遥控纸飞机 ………………………………………… 168

  6.2.1　遥控纸飞机任务赛规则 ……………………………………… 168

  6.2.2　遥控纸飞机的制作 …………………………………………… 170

  6.2.3　遥控纸飞机的试飞 …………………………………………… 176

 6.3　直升力士——2.4G 遥控直升机 ………………………………………… 176

  6.3.1　遥控直升机计时障碍赛规则 ………………………………… 176

  6.3.2　遥控直升机的制作 …………………………………………… 178

  6.3.3　遥控直升机的试飞 …………………………………………… 187

 6.4　航拍利器——2.4G 遥控四轴无人机 …………………………………… 188

  6.4.1　多轴飞行器任务赛规则 ……………………………………… 188

  6.4.2　四轴无人机的制作 …………………………………………… 189

  6.4.3　四轴无人机的试飞 …………………………………………… 193

参考资料 ………………………………………………………………………… 195

第1章

纸飞机类

1.1 空中标枪——苏珊纸飞机

1.1.1 纸折飞机直线距离赛规则

1. 技术要求

制作航空模型用纸为 A4 大小，密度大于或等于 $70g/m^2$，表面可以有图案，纸折飞机直线距离赛场地示意图如图 1-1 所示。

2. 单人赛比赛方法

（1）每名参赛选手可单向飞行 2 次，航空模型出手即为正式飞行。

（2）选手在投掷时可以助跑。

3. 单人赛成绩评定

按航空模型任意部位或投影所在的区域评定成绩，覆盖在两个区域的则取较高值。

（1）中学男子组飞行成绩在 20~25m 的获得三等奖，在 25~30m 的获得二等奖，30m 以上的获得一等奖。

（2）小学男子组、中学女子组飞行成绩在 15~20m 的获得三等奖，在 20~25m 的获得二等奖，25m 以上的获得一等奖。

（3）小学女子组飞行成绩在 10~15m 的获得三等奖，在 15~20m 的获得二等奖，20m 以上的获得一等奖。

4. 单人赛判罚

参赛选手站在起飞线外投掷航空模型，若放飞时踩线或在投掷过程中

(航空模型没有停止飞行前)跨线则成绩无效,并计作一次飞行;航空模型出界成绩无效。

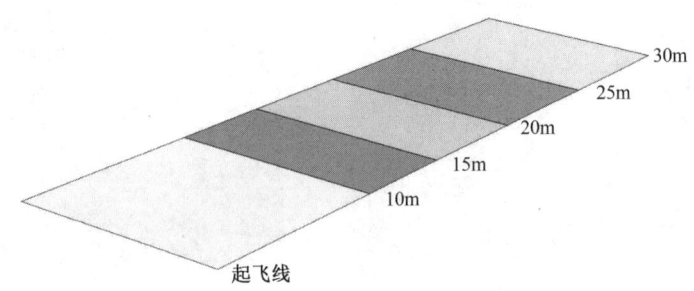

图 1-1 纸折飞机直线距离赛场地示意图

1.1.2 苏珊纸飞机的制作

相信每个人都有折纸飞机的经历,和伙伴一起比赛谁折的纸飞机飞得最远,赢了会让人内心无比自豪。你知道吗,纸飞机也有世界纪录。

2012 年 2 月,美国纸飞机大师约翰·科林斯制作的纸飞机以 232.6ft(约 70.90m)的飞行距离打破了吉尼斯世界纪录,并将此纪录保持了 10 年(见图 1-2)。目前,室内纸飞机飞行距离最远的纪录是韩国纸飞机玩家 Kim Kyu Tae 和他的队友保持的,他们制作的 Conqueror CX22 纸飞机以 77.134m 的成绩创造了新的吉尼斯世界纪录,堪称纸飞机中的王者(见图 1-3)。

图 1-2 约翰·科林斯的纸飞机创造纪录　图 1-3 Kim Kyu Tae 等人的纸飞机打破纪录

下面我们将制作一架约翰·科林斯当年制作的纸飞机——苏珊纸飞机

（见图1-4），就是这种纸飞机，以70.90m的成绩称霸了吉尼斯纪录榜首10年。

准备一张A4纸，如图1-5所示。

图1-4 苏珊纸飞机　　　　　　　　图1-5 A4纸

第一步，在纸的一端折一个X形折痕，为了保证折痕平整，可以用一块三角板作为辅助工具（见图1-6、图1-7）。

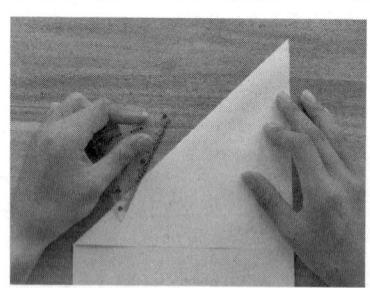 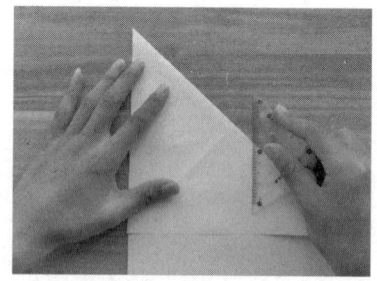

图1-6 对折左侧　　　　　　　　图1-7 对折右侧

第二步，展开之后将左侧边缘折到对应折痕处（见图1-8），由于纸张对折后有一定厚度，所以在边缘处和折线处要留0.5mm的距离，然后对折右侧（见图1-9）。

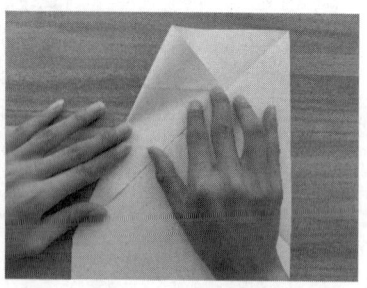 

图1-8 对折左侧　　　　　　　　图1-9 对折右侧

第三步，找到两侧边缘的交点，做好标记（见图 1-10）。

第四步，对折，使纸张上部与交点重合（见图 1-11）。

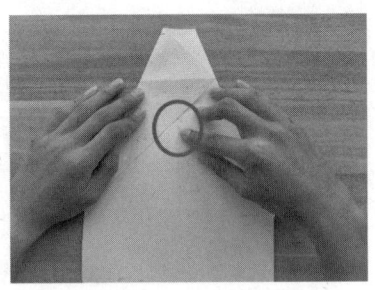 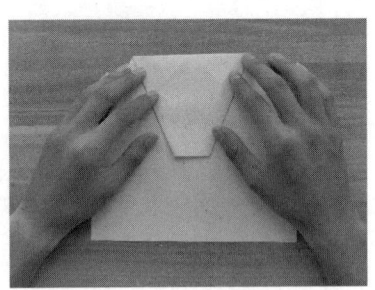

图 1-10　标记交点　　　　　　　图 1-11　对折

对折好后会发现折痕在两侧重合（见图 1-12），沿着折痕对折两侧（见图 1-13）。

图 1-12　折痕重合　　　　　　　图 1-13　对折

接下来将纸飞机机身对折（见图 1-14），然后用三角板压平。压平后对纸飞机后续的制作有很大帮助（见图 1-15）。

图 1-14　对折机身　　　　　　　图 1-15　用三角板压平

第五步，对折机翼，在机头部位留 5mm 左右的长度（见图 1-16），对折时需要用拇指顶住相应的位置（见图 1-17）。

 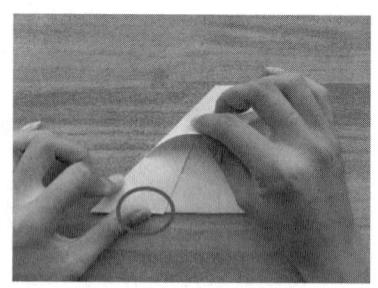

图 1-16　机头留出 5mm　　　　图 1-17　顶住机头

机翼与机尾重合（见图 1-18），然后再将 A4 纸对折，在同样的位置对折另一侧机翼。机头部位纸张较厚，容易出现褶皱，用三角板修整一下（见图 1-19）。

 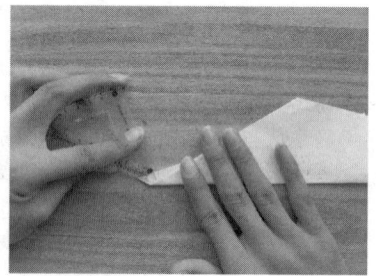

图 1-18　机翼与机尾重合　　　　图 1-19　修整机头

将飞机展开，用手顺着折痕捋一下，这样纸飞机就折好了（见图 1-20）。纸飞机制作好之后还需要再做一些调整。

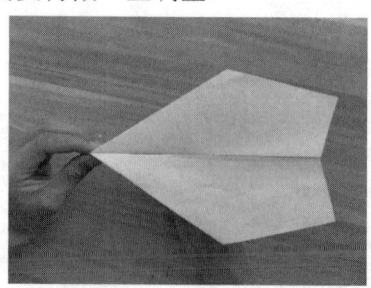

图 1-20　制作完毕

第六步，在纸飞机的特殊部位贴上胶带，作用是保持纸飞机良好的气动外形，使纸飞机飞出去后不会左摇右晃，需要贴胶带的位置分别为机身、机头、机尾和机翼（见图1-21～图1-24）。

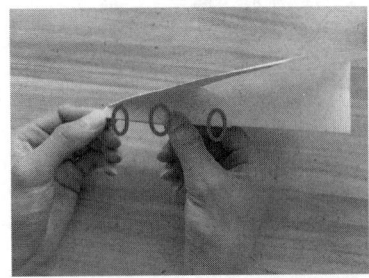

图1-21　机身与机头粘胶带的位置

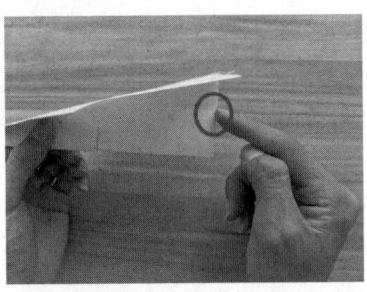

图1-22　机尾粘胶带的位置（一）

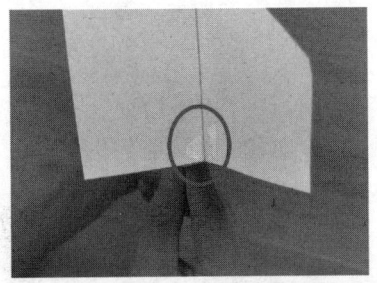

图1-23　机尾粘胶带的位置（二）

图1-24　机翼粘胶带的位置

最后，用量角器截取一张角度为155°和165°的卡纸，保证机头处和机尾处角度为165°（见图1-25、图1-26），机腹处角度为155°（见图1-27）。

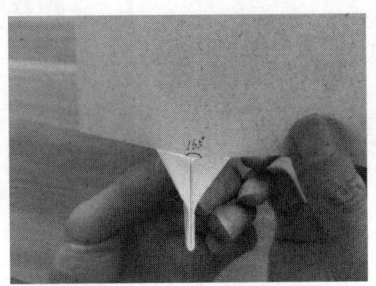

图1-25　机头夹角165°

图1-26　机尾夹角165°

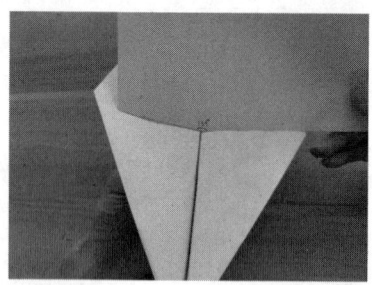

图 1-27　机腹夹角 155°

1.1.3　苏珊纸飞机的试飞

制作完成就可以进行试飞了，抛飞时注意手部所拿位置应尽量靠近纸飞机的重心（见图 1-28）。

纸飞机在试飞的过程中注意观察其姿态，如果出现偏航的情况，可以调整纸飞机尾部的高度（见图 1-29），起到类似飞机升降舵的作用。

图 1-28　手部所拿位置　　　　图 1-29　调整尾部高度

1.2　滞空大师——零式纸战斗机

1.2.1　纸折飞机留空计时赛规则

1. 技术要求

制作航空模型用纸为 A4 大小，密度大于或等于 $70g/m^2$，表面可以有图案。

2. 单人赛比赛方法

（1）参赛选手需在 8min 内，使用比赛主办方统一提供的 2 张标准纸（一般为 A4 大小）现场制作 1~2 架纸飞机。指定纸张只能折叠，不能撕、胶粘、剪、订、悬挂重物。

（2）参赛选手完成制作即可按编排顺序进入飞行比赛，飞行比赛时间根据报名参赛人数确定。

（3）每名选手在规定时间内飞行两次，航空模型出手即为正式飞行。飞出去的航空模型由本人捡取。

3. 成绩评定

取参赛选手最高一轮成绩排定名次。

4. 创纪录赛

各组别的前 8 名选手有资格参加创纪录赛，比赛方法同单人赛。以同组选手中成绩最高的记入赛事纪录。

5. 比赛场地

纸折飞机留空计时赛场地示意图如图 1-30 所示。

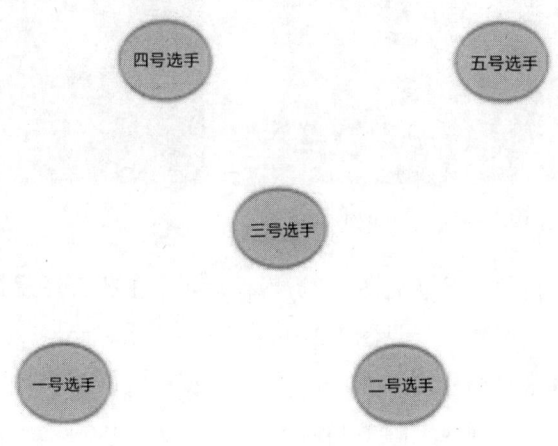

图 1-30　纸折飞机留空计时赛场地示意图

1.2.2 零式纸战斗机的制作

1.1 节介绍了称霸飞得最远的纸飞机吉尼斯世界纪录榜首 10 年的纸飞机——苏珊纸飞机,下面介绍一款同样打破吉尼斯世界纪录的纸飞机——零式纸战斗机(见图 1-31)。这款纸飞机由日本的户田拓夫设计,它以 29.2s 的成绩成为吉尼斯世界纪录飞得最久的纸飞机。

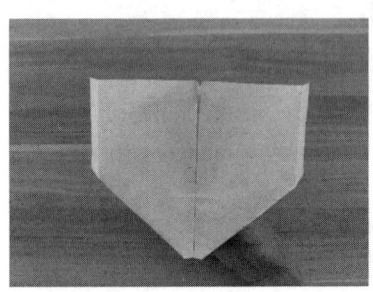

图 1-31 零式纸战斗机

首先取一张 A4 纸,对折短边(见图 1-32),然后展开,让山折朝上(见图 1-33)。

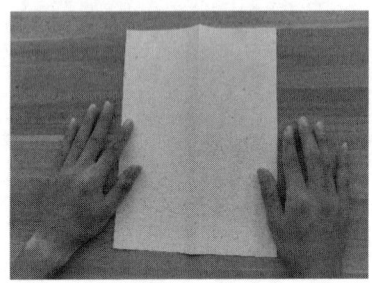

图 1-32 对折短边　　　　图 1-33 山折朝上

接下来折叠底部(见图 1-34),然后再向上折,注意折叠的位置,应留出 10mm 左右的距离(见图 1-35)。

此时纸张已经非常厚了,可以用三角板进行修整,将纸张的皱褶处压平,然后折叠纸张下部(见图 1-36、图 1-37)。

第 1 章 纸飞机类 | 011

图 1-34　折叠底部

图 1-35　向上折

图 1-36　折叠左侧

图 1-37　折叠右侧

将上一步折叠处展开，以两侧的折痕为边界再次折叠（见图 1-38）。再次展开，从两侧上部折叠（见图 1-39），这次折叠之后不用展开。

图 1-38　折叠两侧底部

图 1-39　从两侧上部折叠

两边同时沿第一条折痕向内折（见图 1-40）。

将腹部四边形的上尖角往下翻为三角形，压住下层（见图 1-41）。

图 1-40　沿第一条折痕向内折　　　图 1-41　下翻腹部四边形的上尖角

机头向上折后打开，高度约为腹部三角形的一半（见图 1-42）。
翻面对折机身（见图 1-43）。

图 1-42　机头上折后打开　　　　　图 1-43　翻面对折机身

接下来几步非常重要，也特别容易混淆，一定要细心。先将机头尖角向机身推折出方形（见图 1-44、图 1-45）。

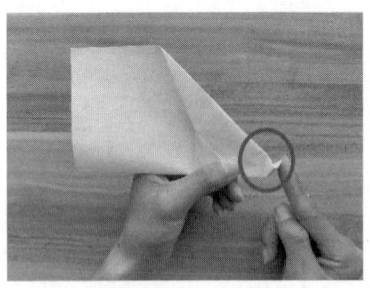 

图 1-44　向内推折　　　　　　　　图 1-45　整理（一）

撑开长方形（见图 1-46、图 1-47）。

第 1 章 纸飞机类 013

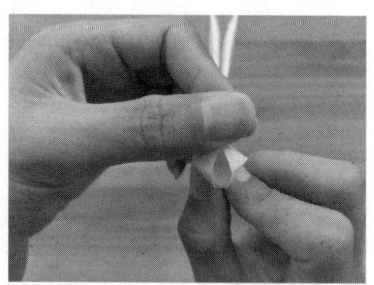

图 1-46 撑开长方形

图 1-47 整理（二）

将整理后的长方形向后翻，包住机头（见图 1-48），动作要慢一点，防止纸张开裂。

沿着机头方块上缘至机尾折出机翼，图 1-49 中已经标记好折线，然后折叠另一侧机翼。

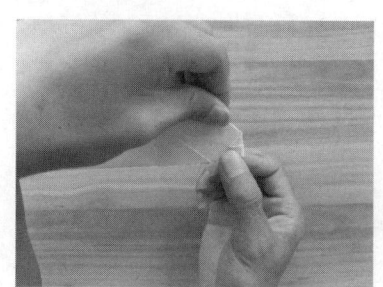

图 1-48 翻折包住机头

图 1-49 折机翼

下一步折出翼梢小翼（见图 1-50），小翼的高度大致等于机身的高度。翼梢小翼起垂直尾翼的作用，可以防止纸飞机左右摇摆。

图 1-50 折翼梢小翼

最后，折叠机尾。机尾也起垂直尾翼的作用（见图 1-51、图 1-52）。

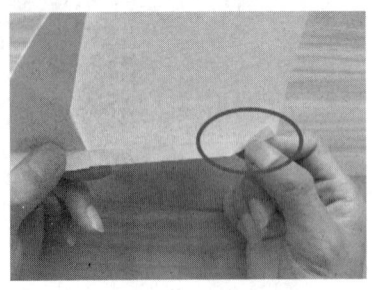 

图 1-51　折叠机尾　　　　　　　　图 1-52　机尾位置

1.2.3　零式纸战斗机的试飞

纸飞机制作好之后可以用胶带加固，有利于保持飞行时的气动外形。纸飞机试飞时尽量选择室内空旷无风的环境。

零式纸战斗机这种长滞空机型对抛飞方式要求较高，抛飞姿势如图 1-53 所示，需要多加练习。

图 1-53　抛飞姿势

1.3　舞动风采——超级风火轮

1.3.1　纸风火轮单向积分赛规则

1. 技术要求

纸风火轮长度为 200～210mm，轮子直径为 60～70mm，质量为 1.5～2g。

2. 单人赛比赛方法

（1）比赛时间为 1min，参赛选手使用气流生成板（约 A3 纸大小，297mm×420mm）操纵航空模型，从起点向终点完成一次飞行，记录所得分数。然后回到起点再次出发，轮流飞行。

（2）如参赛选手中途脚踩边线，则记入当时所处区域的成绩；如参赛选手对航空模型失去控制，则记入当时所处区域的成绩。

（3）比赛连续进行两轮，每轮比赛开始和结束由裁判长统一发令。

3. 单人赛成绩评定

记录参赛选手在规定时间内的得分总和。

4. 单人赛判罚

航空模型起飞后与参赛选手任意部位发生触碰，此次成绩无效，参赛选手必须回到起点重新起飞。

5. 比赛场地

在长度为 10m、宽度为 0.8~2m 的场地按不同距离设置不同的得分线；两端设置起飞线和终止线，起飞线与第一个得分线的距离为 2m，纸风火轮单向积分赛场地示意图如图 1-54 所示。

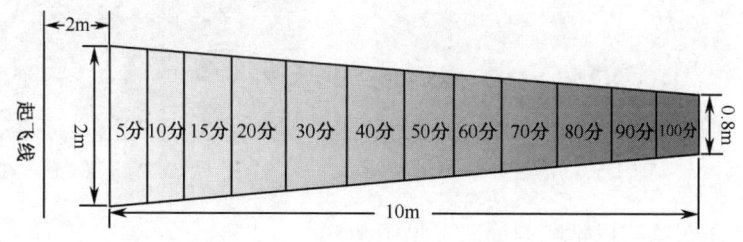

图 1-54　纸风火轮单向积分赛场地示意图

1.3.2　纸风火轮的制作

提到风火轮，大家脑海中想到了谁？没错，就是神话故事中的哪吒，他脚踩两只风火轮，真是好生威风。虽说只是神话故事，但是他聪明正直、勇敢机智的优点值得我们学习。

制作纸风火轮的材料非常简单，如图 1-55 所示，需要的辅助材料包括双面胶和三角板。

第一步，将翻滚片两侧向内侧弯曲 90°，对折部位约为 6mm（见图 1-56）。可以用三角板辅助，以达到更好的效果。

图 1-55 制作纸风火轮的材料

图 1-56 折叠两侧

第二步，合并翻滚片。首先在一侧翻滚片上粘上合适长度的双面胶（见图 1-57），然后将两片翻滚片合并，两端折叠的部位尽量对齐。注意：折叠的部位一定是向外翻的（见图 1-58）。

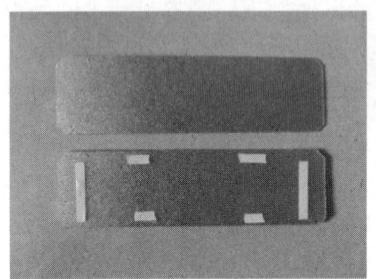

图 1-57 粘贴双面胶

图 1-58 折叠部位向外翻

在两端同样粘贴双面胶（见图 1-59）。

最后将纸风火轮旋转片粘贴到翻滚片上（见图 1-60）。

制作好的纸风火轮需要再次调整，使两侧的旋转片垂直于翻滚片。两片旋转片也要保持对称（见图 1-61）。

第 1 章 纸飞机类

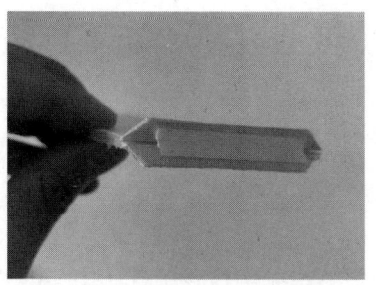

图 1-59　两端粘贴双面胶

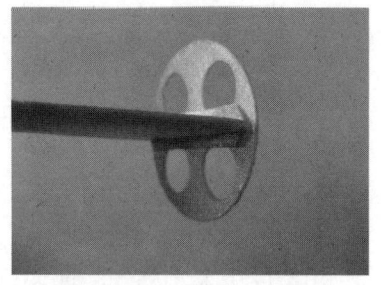

图 1-60　粘贴旋转片

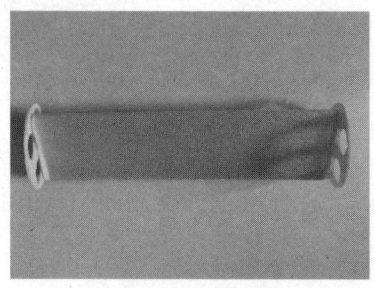

图 1-61　成果展示

1.3.3　纸风火轮的试飞

纸风火轮的飞行方式与之后制作的冲浪纸飞机的飞行方式相同，但相对简单许多。

首先左手托住纸风火轮，右手拿着气流板，前进一定距离，获得一定速度后松开左手，纸风火轮就会旋转起来。使用气流板可以控制纸风火轮前进的方向（见图 1-62）。

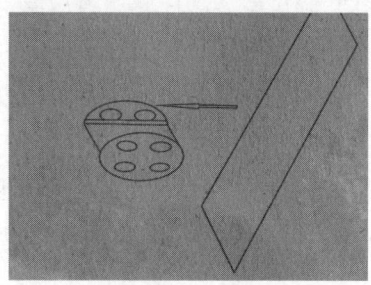

图 1-62　飞行方式

1.4 航母重器——手掷纸战斗机

1.4.1 仿真纸折飞机航母着舰积分赛规则

1. 技术要求

用密度小于 100g/m² 的纸，按一定缩小比例仿我国歼-15 航母舰载机，用纸折航空模型，缩小比例为 110:1 左右，缩小后翼展为 120mm±2mm、全长为 200mm±5mm、质量为 3g±0.1g，低可视化涂装，有八一机徽、海军旗、飞鲨标志。航空模型需要动手完成组装调试。

2. 时间限制

制作时间为 30min，在此期间要完成飞机的制作和调试；比赛时间为 1min，比赛时间内可以投掷多次。

3. 比赛方法

（1）航空模型制作时，只允许用折叠的方式，不允许粘贴胶带及其他方式。

（2）飞行时，参赛选手需站在起飞线以外，踩线和跨线则此次投掷无效。

（3）飞出去的飞机需要由本人捡拾。

4. 成绩评定

（1）比赛进行两轮，每轮比赛以得分之和作为比赛成绩，分高者获胜。

（2）如果名次相同，则以第一轮比赛分数排名，若两轮比赛分数都相同，则两位选手并列。

5. 比赛场地

仿真纸折飞机航母着舰积分赛场地示意图如图 1-63 所示。首先在地面上布置宽为 3m、长为 5m 的长方形降落区，降落区内设有不同的分值区域，其中降落在甲板上得分最高，为 1000 分，降落在其他区域的得分如图 1-63 所示。

第 1 章　纸飞机类 | 019

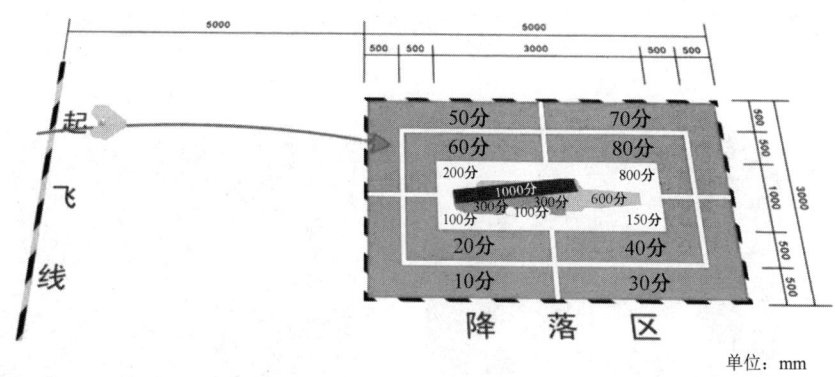

图 1-63　仿真纸折飞机航母着舰积分赛场地示意图

1.4.2　歼-15 航空模型的制作

歼-15 是我国的重型舰载战斗机（见图 1-64），属于四代半战斗机，由我国从乌克兰购买的 T-10K-3 试验机发展而成。歼-15 是我国第一代多用途舰载战斗机，它的机动性能好、作战半径大、载弹量大，可以与俄罗斯的苏-33 和美国的 F-18 相媲美，被誉为空中"飞鲨"。

图 1-64　空中"飞鲨"歼-15

1. 准备材料

航空模型图样经过巧妙的折叠会呈现出立体的结构（见图 1-65）。

将多余的材料去除，图 1-66 中所圈的地方也是需要去除的材料，另外还可以准备一块三角形的纸片作为航空模型的底座,可以将航空模型放在底座上,飞行时取下即可。

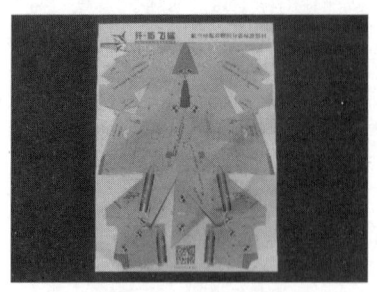 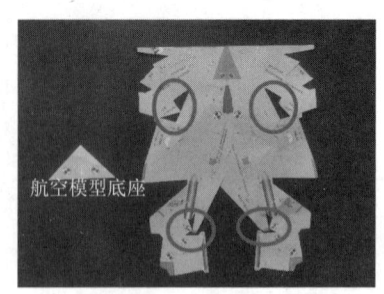

图 1-65　航空模型图样　　　　　　图 1-66　去除多余材料

2. 折叠鸭翼

将图样翻过来,可以看到每处都用数字标明了折叠顺序,每处折线都已经预先做了处理,折叠起来非常轻松(见图 1-67)。首先折叠虚线 1、虚线 2(见图 1-68)。

图 1-67　翻转图样　　　　　　图 1-68　折叠虚线 1 和虚线 2

折叠虚线 3,然后将鸭翼插入接缝 A 中(见图 1-69)。

折叠虚线 4,注意是整体折叠。图 1-70 中三角板长直角边的位置处较厚,可以用三角板辅助折叠。注意:不要折叠到图 1-70 中圆圈处的小三角。然后将折叠后的图样插入接缝 B 中(见图 1-71)。

图1-69 插入接缝A

图1-70 折叠虚线4

按照同样的方法折出右侧部位（见图1-72）。

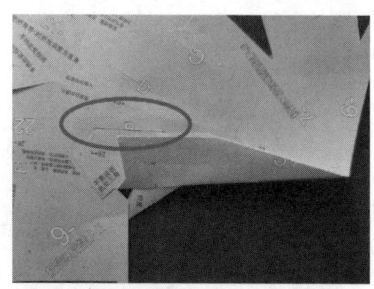
图1-71 插入接缝B

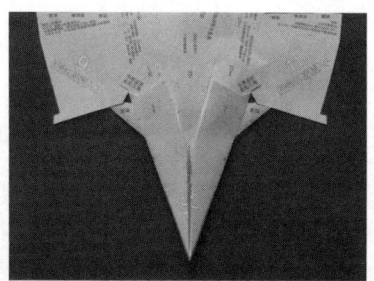
图1-72 折叠右侧

3. 折叠机翼

折叠虚线9并将末端插入接缝E（见图1-73）。修整好图样之后折叠虚线10，此处为战斗机的进气道（见图1-74）。

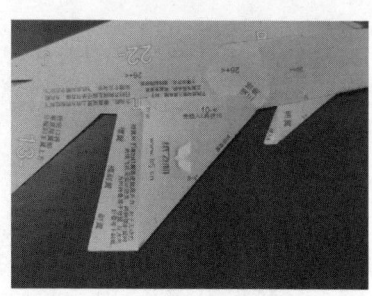
图1-73 折叠虚线9

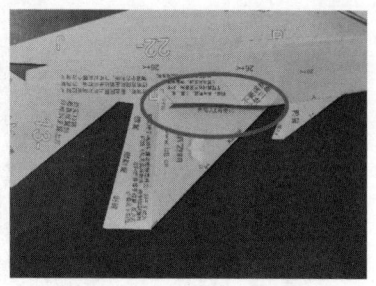
图1-74 折叠进气道

按照同样的折法折叠右侧（见图1-75）。

图 1-75　折叠右侧

4. 折叠垂直尾翼

将虚线 13 向上折（见图 1-76），然后将垂直尾翼翻折到机翼下面（见图 1-77）。

 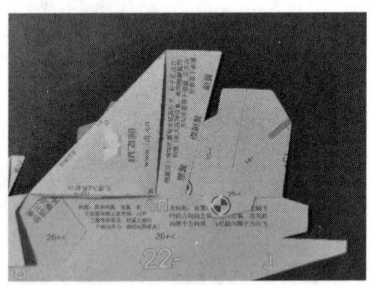

图 1-76　折叠虚线 13　　　　　　图 1-77　翻折垂直尾翼

将图样翻过来（见图 1-78），折叠虚线 14，注意不要折到垂直尾翼（见图 1-79）。

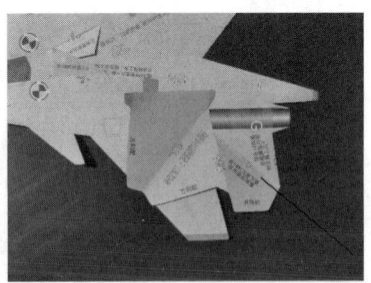

图 1-78　图样反面　　　　　　图 1-79　折叠虚线 14

折叠虚线 15（见图 1-80）。

第 1 章　纸飞机类 \023

折叠虚线 16（见图 1-81），并将两端分别塞入接缝 E 和接缝 G（见图 1-82）。

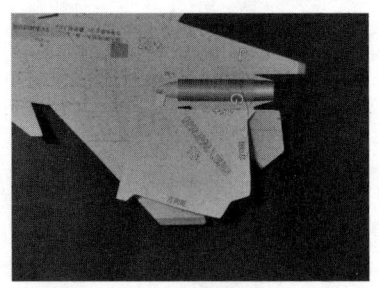
图 1-80　折叠虚线 15

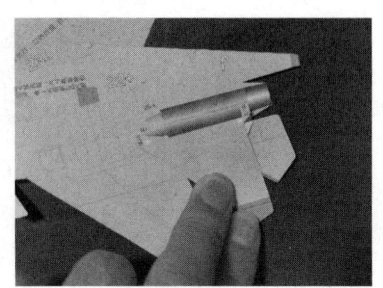
图 1-81　折叠虚线 16

按照同样的方法折叠另一侧垂直尾翼（见图 1-83）。

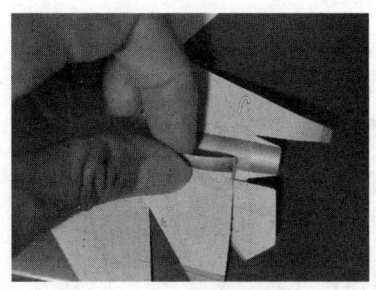
图 1-82　将两端插入接缝

图 1-83　折叠另一侧垂直尾翼

5. 折叠机身

折叠山折和谷折（见图 1-84），最后将机身对折（见图 1-85）。

图 1-84　折叠山折和谷折

图 1-85　对折机身

将机头左侧的凸起折到机身内,将右侧的凸起插入接缝 D 中(见图 1-86)。折叠虚线 26 和虚线 27(见图 1-87)。

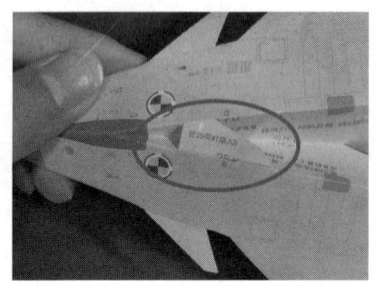 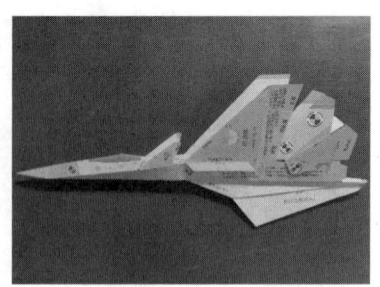

图 1-86　将右侧凸起插入接缝 D　　　图 1-87　折叠虚线 26、虚线 27

稍微展开飞机尾部会发现此处还设有锁紧装置,按照提示插入接缝 J（见图 1-88）。

图 1-88　插入接缝 J

折叠底部投掷位置（见图 1-89、图 1-90）。

 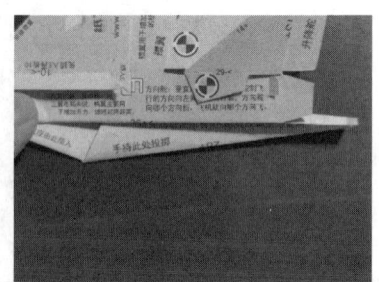

图 1-89　底部投掷位置　　　图 1-90　对折底部投掷位置

将腹鳍和垂直尾翼调整竖直（见图 1-91、图 1-92）。

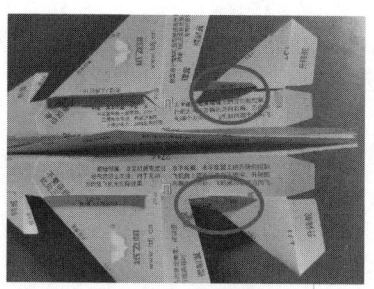 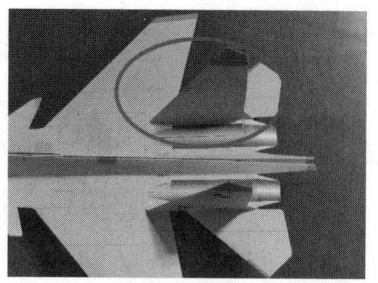

图 1-91　调整腹鳍　　　　　图 1-92　调整垂直尾翼

最后拿出底座，按照提示折叠（见图 1-93），然后插入航空模型底部（见图 1-94）。

图 1-93　制作底座　　　　　图 1-94　插入航空模型底部

制作好的航空模型如图 1-95 所示。

图 1-95　成果展示

1.4.3　仿真纸飞机趣味飞行赛规则

1. 技术要求

用密度小于 $100g/m^2$ 的纸，按一定缩小比例仿我国歼-20 战斗机的折纸航空模型，航空模型翼展为 160mm±3mm、机长为 260mm±5mm、质量为 5g±0.15g，低可视化涂装，有八一机徽标志。

2. 比赛方法

（1）每名选手可以使用 3 架仿真纸飞机参加比赛。

（2）在 1min 的比赛时间内，参赛选手使用仿真纸飞机，采用手掷的方式使掷出的纸飞机围绕标志杆回旋飞行，回旋轨迹达到 360°的为成功围绕。

（3）凡成功围绕"东沙群岛"标志杆一周的，得 30 分；成功围绕"西沙群岛"标志杆一周的，得 50 分；成功围绕"中沙群岛"标志杆一周的，得 70 分；成功围绕"南沙群岛"标志杆一周的，得 100 分。

（4）在手掷的仿真纸飞机成功围绕标志杆后，参赛选手在起飞区内能用手接住纸飞机的，每接住一次加 20 分。

（5）航空模型出手即为正式飞行，飞出去的航空模型由本人捡取；只有捡取前一架航空模型后才能进行下一次飞行。

3. 成绩评定

每名参赛选手围绕标志杆飞行的得分和手接的得分相加为最终成绩，得分多者列前；如得分相同，则最高围绕得分多者列前；再相同，则并列。

4. 判罚

参赛选手在投掷或手接航空模型时踩线或在投掷过程中（航空模型没有停止飞行前）跨线则成绩无效，并计作一次飞行。

5. 比赛场地

在室内 3m×6m 的场地模拟出"中国南海"的飞行场地，设置起飞线，在与起飞线直线距离分别为 2m、3m、4m、5m 处放置表示"东沙群岛""西沙群岛""中沙群岛""南沙群岛"的标志杆，仿真纸飞机趣味飞行赛场地示意图如图 1-96 所示。

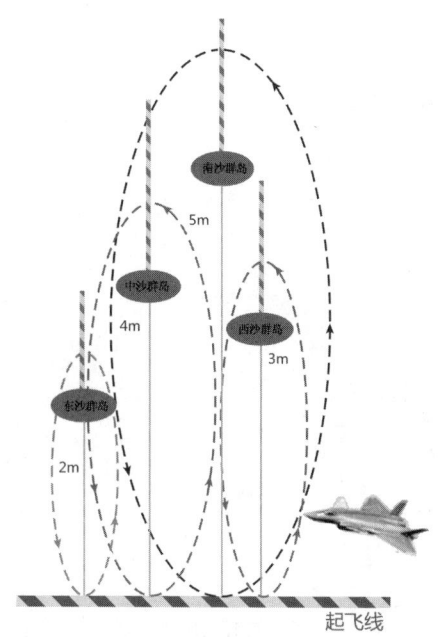

图 1-96　仿真纸飞机趣味飞行赛场地示意图

1.4.4　歼-20 航空模型的制作

歼-20 战斗机代号"威龙"（见图 1-97），是我国自主研制的第五代战斗机，是一款具备高姿态感知、高隐身性能的战斗机，是中国现代空军力量的代表。未来，我们将在战斗机信息化、智能化的道路上不断前行。

取出制作歼-20 航空模型的图样（见图 1-98），它比歼-15 航空模型图样多出一部分，并且制作难度也有所提高。

图 1-97　歼-20 战斗机

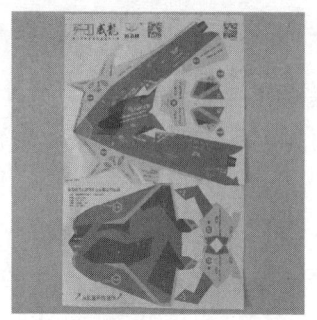
图 1-98　歼-20 航空模型图样

1. 制作机翼

首先按住灰色的图样部分，水平轻轻地撕下边缘的无用材料（见图 1-99），建议用时再取下相关材料，以免丢失。

将机翼反过来开始折叠机翼，折叠虚线 1 和虚线 2（见图 1-100）。

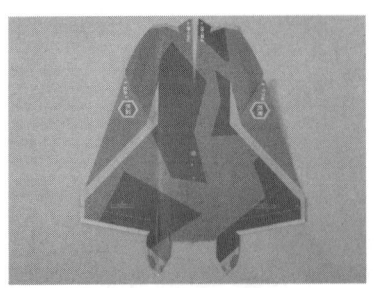
图 1-99　机翼部件

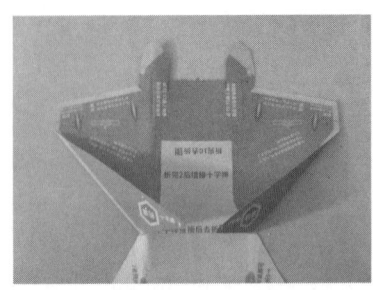
图 1-100　折叠虚线 1 和虚线 2

检查十字榫插口是否断开（见图 1-101），然后插接好十字榫（见图 1-102）。

图 1-101　检查十字榫

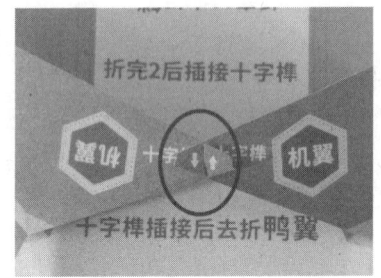
图 1-102　插接十字榫

将机翼放在一边，开始折叠鸭翼。鸭翼的主要作用是增加涡流，减小飞机的配平阻力，提升战斗机的机动性能。歼-20 配备了全动式的鸭翼（见图 1-103），全动式的鸭翼对飞机的电传系统要求极高，但换来的效果也是显著的。

撕下右侧的鸭翼，折叠虚线 3 和虚线 4，注意折叠虚线 4 时，要使部件压住之前折叠的部件，然后检查长角部位的插接口是否断开（见图 1-104）。

第 1 章　纸飞机类

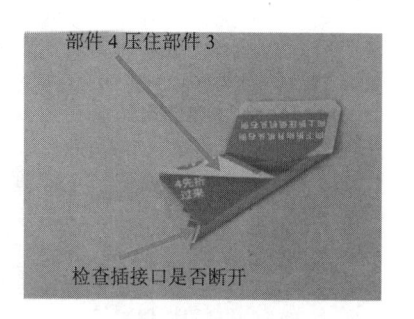

图 1-103　全动鸭翼　　　　　　　图 1-104　鸭翼的折叠

接下来将鸭翼插接到机翼上。先从正面插入鸭翼接口（见图 1-105），再将机翼反转，掏出部件 4 并压平（见图 1-106）。

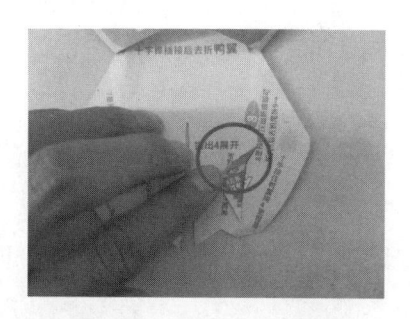

图 1-105　插入鸭翼　　　　　　　图 1-106　掏出部件 4 并压平

用同样的方法制作左侧的鸭翼，两侧鸭翼如图 1-107 所示。

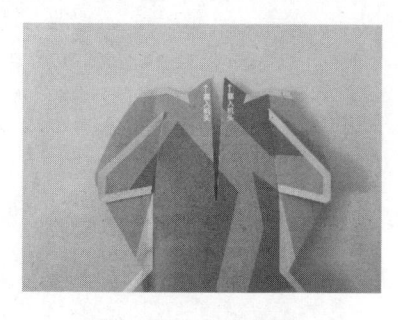

图 1-107　两侧鸭翼

再次将机翼反转，折叠虚线 7 和虚线 8，注意不要折到鸭翼（见图 1-108）。接下来折叠发动机部位的虚线 9 和虚线 10（见图 1-109），此处的部件较窄，可以用三角板辅助折叠，以便折得更标准。

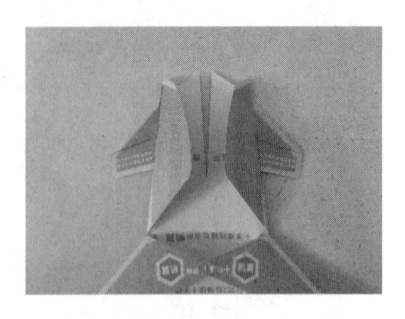

图 1-108　折叠虚线 7 和虚线 8 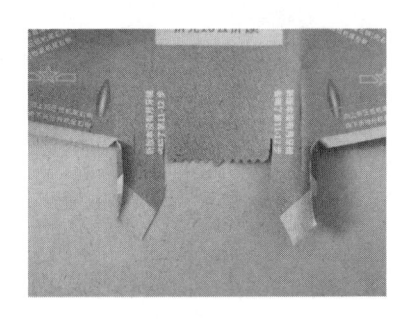　　　　图 1-109　折叠虚线 9 和虚线 10

2. 折叠"锁"和"捅针"

取出"锁"部件,按照图样上的提示折叠,然后展开放在一旁备用(见图 1-110)。取出"捅针",同样按照说明折叠(见图 1-111)。捅针是辅助部件,不会插接到飞机上,可以用其他物品代替。

图 1-110　折叠"锁" 　　　　图 1-111　折叠"捅针"

3. 制作机身

取出机身部件(见图 1-112)。

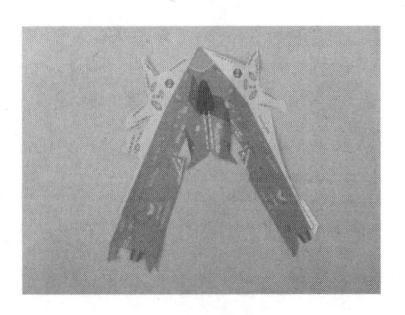

图 1-112　机身部件

折叠机身可以分类折叠。首先折山折部分，将机身图样翻过来，折叠右侧的虚线44和虚线32，注意折虚线32时不要伤害到接缝C（见图1-113）。再折叠左侧的虚线41和虚线38（见图1-114），这样机身的山折部位就折完了。

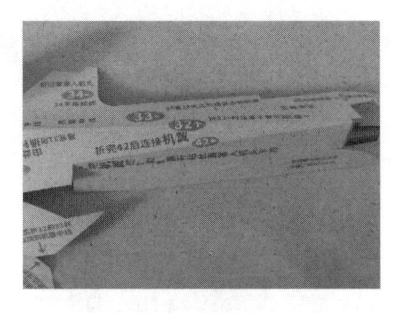

图1-113　折叠右侧山折

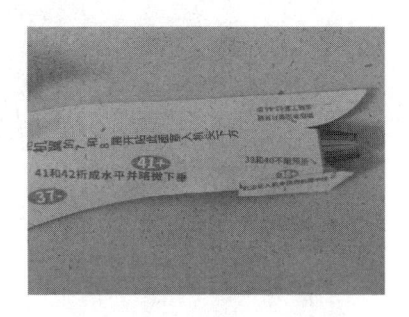

图1-114　折叠左侧山折

接下来折叠谷折。折叠虚线33，这一步不用展开（见图1-115）。然后折叠其余14处谷折（见图1-116）。

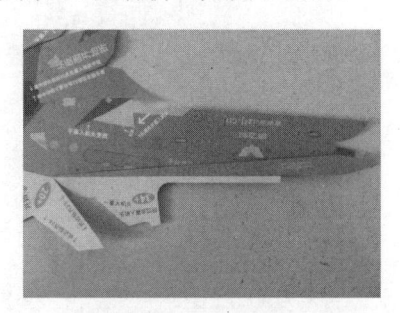

图1-115　折叠虚线33

图1-116　折叠其余谷折

制作机头"锁"。先折叠右侧机头（见图1-117），再用同样的方法折叠左侧机头，然后将两侧机头向内聚拢，形成机头锥体（见图1-118）。

从机头底部观察（见图1-119）。取出之前折叠的"锁"，插入机头底部（见图1-120）。

将"锁"的左上角展开（见图1-121），然后将机身底部插入其中，再用"捅针"将左侧展开部位恢复（见图1-122）。

图 1-117　折叠右侧机头　　　　　图 1-118　聚拢机头

图 1-119　观察机头底部　　　　　图 1-120　插入"锁"

图 1-121　展开"锁"的左上角　　　图 1-122　将机身底部插入"锁"

锁定机身。虚线 33 为机腹中线，将虚线 34 绕到机头底部，然后塞入机头中（见图 1-123、图 1-124）。

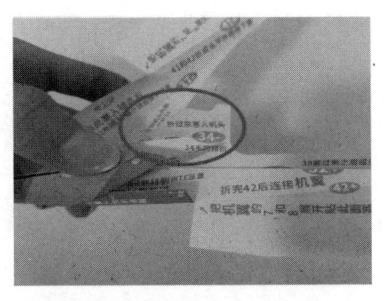

图 1-123　折虚线 33、虚线 34　　　　图 1-124　插入机头

锁定机尾。将机尾合并，相互锁紧即可（见图 1-125、图 1-126），将机尾的小三角插入接缝 C（见图 1-127、图 1-128）。

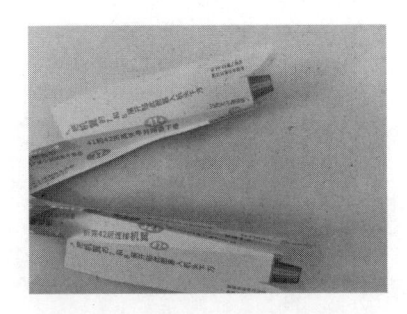

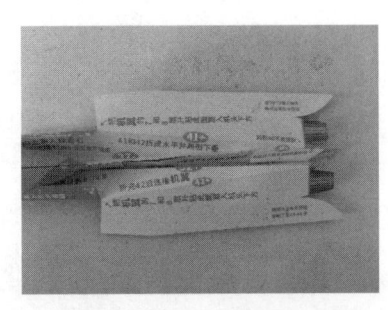

图 1-125　机尾　　　　图 1-126　相互锁紧

图 1-127　机尾小三角　　　　图 1-128　插入接缝 C

4. 连接机翼与机身

取出刚才制作好的机翼，将机翼插入机身中（见图 1-129、图 1-130）。

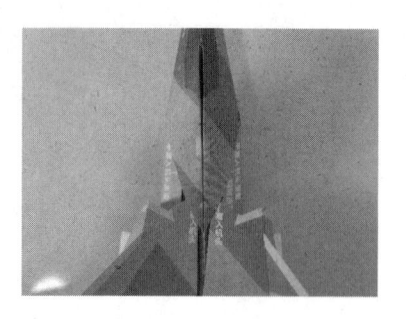

图 1-129　插入机身　　　　　　图 1-130　插入完毕

将飞机翻过来，将两侧机翼进气道部位插入机身中（见图 1-131、图 1-132）。

图 1-131　插入机身进气道　　　图 1-132　插入完毕

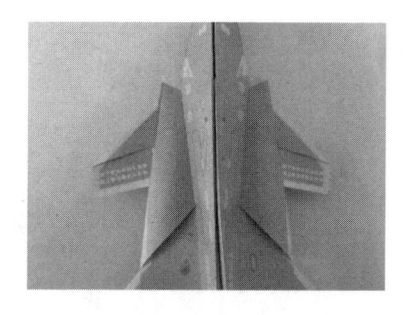

锁定机身与机翼尾部，将机翼尾部插入机身虚线 9 和虚线 10 中（见图 1-133）。

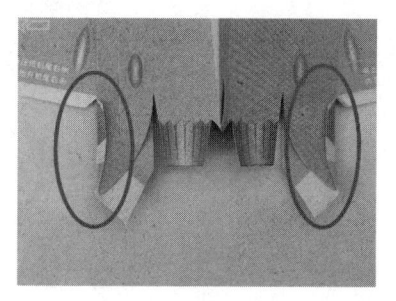

图 1-133　锁定机尾与机身

5. 制作垂直尾翼

取出右侧的垂直尾翼，折叠虚线 45 和虚线 46（见图 1-134）。对折虚线 47，然后使部件 45 和部件 46 相互锁紧（见图 1-135）。

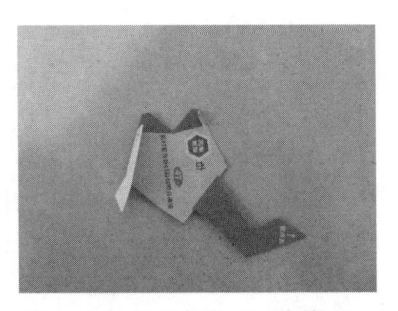

图 1-134　折叠虚线 45、虚线 46　　　　图 1-135　相互锁紧

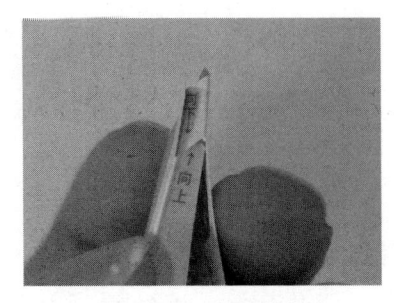

锁紧后如图 1-136 所示。折叠虚线 48 和虚线 49（见图 1-137、图 1-138），然后将部件 49 塞入折叠好的结构中，用同样的方法制作左侧垂直尾翼（见图 1-139）。

图 1-136　锁紧后的垂尾　　　　图 1-137　折叠虚线 48

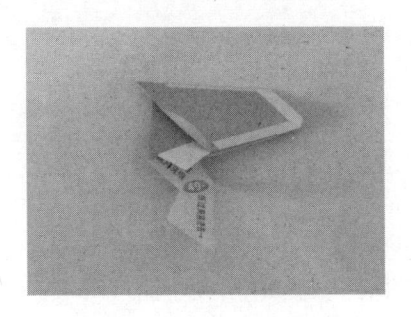

图 1-138　折叠虚线 49　　　　图 1-139　两侧垂直尾翼

安装垂直尾翼。将垂直尾翼底部凸出的一端先插入机身中（见图 1-140），然后将底部完全拉出。制作好的垂直尾翼底部有凸起，这是正常的。安装好的垂直尾翼上下两端是交叉的，这是垂直尾翼能与机身互锁的根本原因（见图 1-141）。

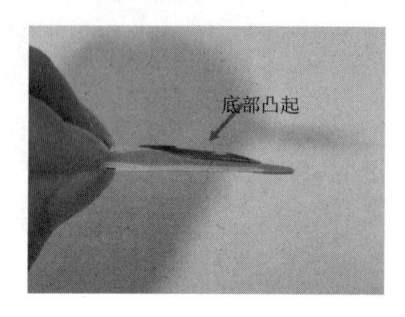

图 1-140　底座底部凸起　　　　图 1-141　垂直尾翼上下两端

安装另一侧垂直尾翼，稍加整理，使垂直尾翼偏向两侧（见图 1-142）。制作好的歼-20 航空模型如图 1-143 所示。

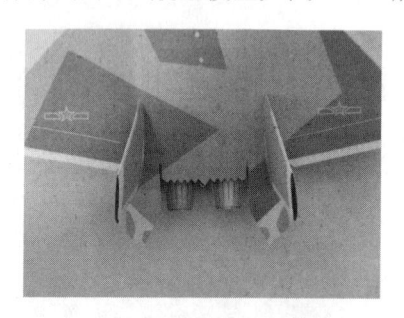

图 1-142　两侧垂直尾翼　　　　图 1-143　成果展示

1.4.5　两架航空模型的试飞

本章制作的歼-15 航空模型与歼-20 航空模型同属于手掷航空模型，所以航空模型的调整和试飞合并到本节来说明。

1. 外形调整

（1）航空模型的折线部位用手指压平，机翼这种大平面可以用三角板辅助压平。

（2）机身模型中拼插的部位要对接仔细，不能过于松散。

（3）从航空模型的正前方向后看，垂直尾翼两侧倾斜的角度应当相同，其余部件不应倾斜。

2. 飞行调整

歼-15 航空模型的升降舵（见图 1-144），同时兼有副翼的作用，正常飞行时航空模型可以平稳下滑。

当航空模型快速下降时，说明重心靠前，可以将两侧的升降舵向上折。当航空模型的飞行轨迹为波浪形时，说明重心靠后，可以将两侧的升降舵向下折。当航空模型向左倾斜时，可以将左侧的升降舵向下折，将右侧的升降舵向上折；同理，航空模型向右倾斜时，可以将左侧的升降舵向上折，将右侧的升降舵向下折。

本章制作的两架航空模型虽然是纸制模型，但是在多次飞行中可以发现它们依然具有优异的飞行性能。如图 1-145 所示为抛飞歼-20 航空模型时的手捏位置。

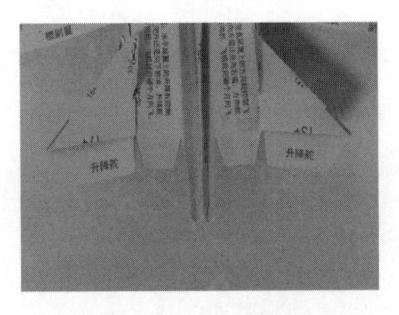

图 1-144　歼-15 航空模型升降舵　　图 1-145　歼-20 航空模型手抛位置

1.5　翱翔蓝天——冲浪纸飞机

1.5.1　悬浮纸飞机绕标挑战赛规则

1. 技术要求

制作的航空模型翼展为 370mm，用纸密度大于或等于 $28g/m^2$；气流生成板约 A3 纸大小。

2. 单人赛比赛方法

（1）每位参赛选手有两次飞行机会。

（2）在规定时间内，参赛选手使用气流生成板（约 A3 纸大小）操纵悬浮纸飞机，从出发点围绕 A、B 两个标杆进行绕标飞行，记录每名参赛选手在规定时间内绕标飞行的圈数。

（3）比赛时间结束后，参赛选手如在 30s 内将悬浮纸飞机操纵至终点的靶环内，则奖励圈数 2 圈。

（4）每次比赛由裁判长统一发令，裁判员开始计时，记录参赛选手所用时间。

3. 单人赛成绩评定

记录每位参赛选手在规定时间内飞行的圈数。

4. 单人赛判罚

（1）飞行中，悬浮纸飞机一旦触地或停留在气流生成板上，则该次比赛终止。

（2）场地有规定的边界，如果参赛选手操纵悬浮纸飞机时越过边界且无法返回则该次比赛终止，记录所用的圈数和时间。

5. 比赛场地

如图 1-146 所示，在悬浮纸飞机绕标挑战赛场地中，A、B 两杆的距离为 6~8m，起飞线在 A 杆前方 1m，靶环在 B 杆后方 1m。

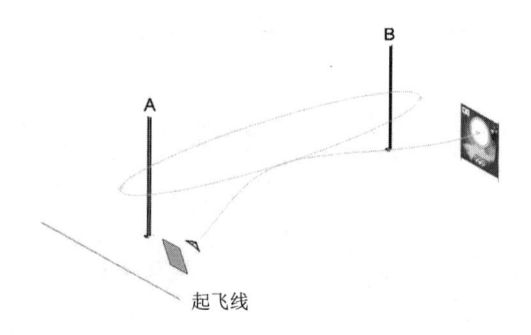

图 1-146　悬浮纸飞机绕标挑战赛场地示意图

1.5.2 冲浪纸飞机的飞行原理

大家可能见过有着长长机翼的飞机,那就是滑翔机(见图1-147)。很多飞机是靠螺旋桨飞起来的,但是一些滑翔机是没有螺旋桨的,这种滑翔机被称为热气流滑翔机。你对热气流滑翔机了解多少呢?

热气流滑翔机在起飞时需要用另一架飞机牵引(见图1-148),或者直接从山坡上起飞,在飞机达到一定高度后依靠飞行员的经验寻找热气流。空气受热会有上升的趋势,飞机遇到热气流时就会被热气流"抬着"爬升。飞行员一直寻找上升的热气流,飞机就会不断爬升,自然也就不会用到螺旋桨了。

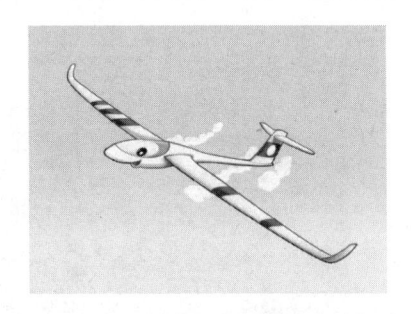

图 1-147　滑翔机　　　　图 1-148　固定翼牵引滑翔机起飞

冲浪纸飞机也是利用上升气流的原理飞行(见图1-149),当操纵者倾斜着向前推动纸板时,气流被迫上升,同时"抬动"纸飞机上升,纸飞机就不会落下了,并且可以通过左右倾斜纸板来控制飞机左右偏航。

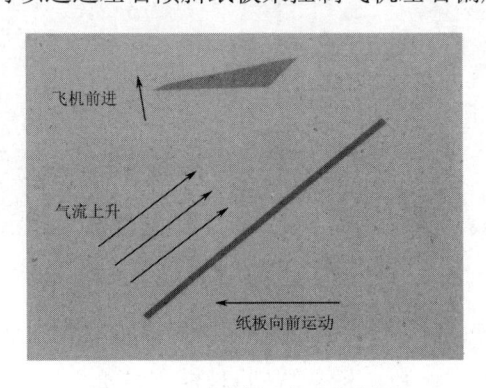

图 1-149　冲浪纸飞机飞行原理

1.5.3 冲浪纸飞机的制作

制作冲浪纸飞机首先需要准备有关材料（见图 1-150），包括 4 种颜色的飞机用纸、硬纸尺、气流板。制作纸飞机的纸张较轻，折叠时容易折偏，所以需用硬纸尺作为辅助工具。气流板上有纸飞机的折叠方法，在纸飞机飞行时气流板还可充当推动纸飞机飞行的工具。

1. 折叠纸飞机的升降舵

这是最简单的一步。从图 1-151 中可以发现，纸飞机的边缘有一处转折，在转折处画线，一直连接到纸飞机中线，然后按照这条线对折。

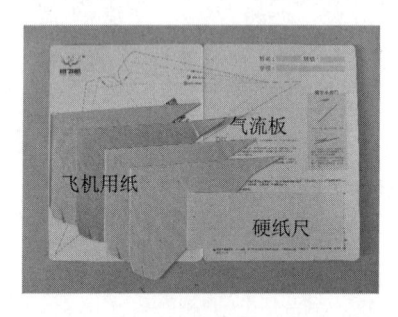

图 1-150　冲浪纸飞机材料　　图 1-151　画线标记

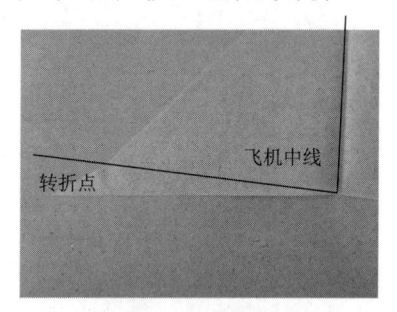

然后用硬纸尺辅助，折叠升降舵（见图 1-152、图 1-153）。

图 1-152　硬纸尺辅助　　图 1-153　折叠升降舵

按照同样的方法对折另一侧升降舵，然后将升降舵张开并尽量压平（见图 1-154）。这里的升降舵舵效特别明显，升降舵舵面稍微高一点纸飞机就会不平衡，进而影响纸飞机的滑翔能力。

图 1-154　展开升降舵并压平

2. 折前缘迎风角

按照图 1-155 中标线位置折叠，然后按图 1-156 所标位置再次折叠，对折完毕如图 1-157 所示。

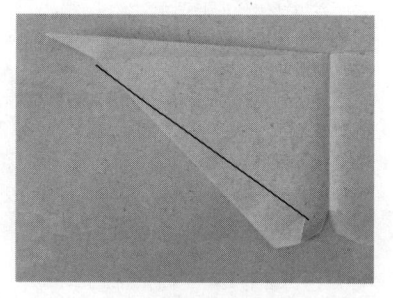

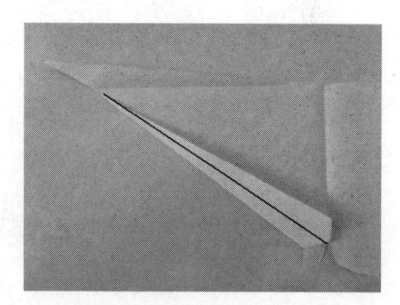

图 1-155　折叠　　　　　　图 1-156　再次折叠

将对折后的纸张展开，按图 1-158 所标位置对折，然后再展开（见图 1-159）。这一步的目的是折出纸飞机前缘的互锁装置。

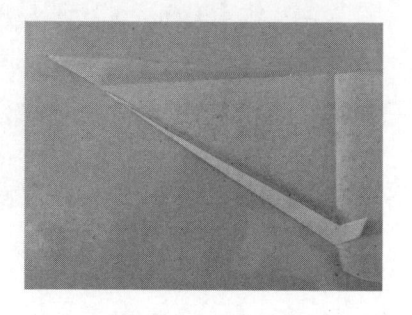

图 1-157　对折完毕　　　　图 1-158　标记位置

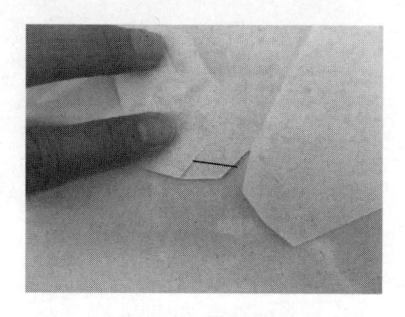

按照同样方法折叠纸飞机的右侧前缘（见图 1-160、图 1-161）。

图 1-159　折叠后展开　　　　　图 1-160　标记位置（一）

折叠好之后展开，注意不要完全展开（见图 1-162）。接下来折叠互锁装置（见图 1-163）。

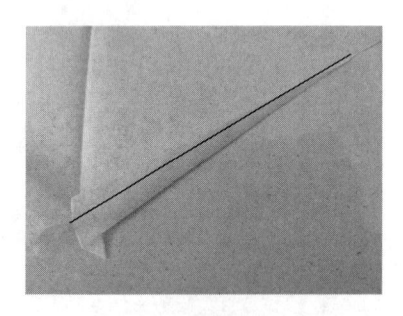

图 1-161　标记位置（二）　　　图 1-162　标记位置（三）

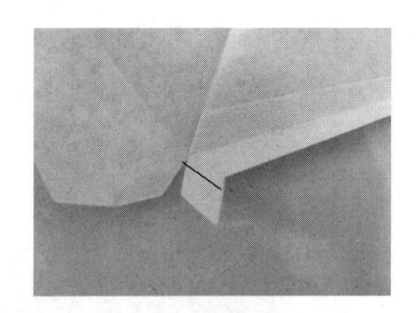

至此，纸飞机的折叠工作完毕，展开图样（见图 1-164）。

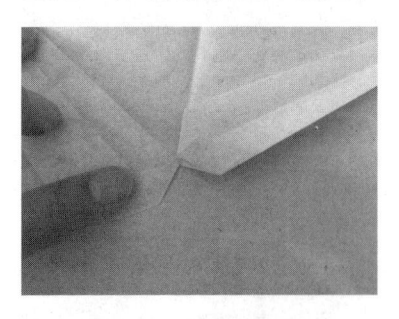

图 1-163　折叠互锁装置　　　　图 1-164　展开图样

3. 进行纸飞机前缘的组装

首先将左侧前缘折上去，然后折叠右侧前缘（见图 1-165、图 1-166）。

第 1 章　纸飞机类 043

图 1-165　对折左侧前缘　　　　图 1-166　对折右侧前缘

将左侧前缘向外翻（见图 1-167），然后将右侧前缘塞入（见图 1-168）。

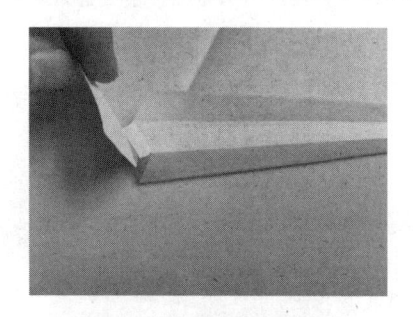

图 1-167　翻折左侧前缘　　　　图 1-168　塞入右侧前缘

最后塞入左侧前缘（见图 1-169）。稍加整理，就会得到一架完美的冲浪纸飞机（见图 1-170）。

图 1-169　塞入左侧前缘　　　　图 1-170　成果展示

1.5.4　冲浪纸飞机的试飞

1. 初学者注意事项

（1）初学者一定要使用气流板来制造更多的气流，从而保证纸飞机不会掉下来。另外，气流板的角度要接近垂直。等到能够熟练操纵纸飞机后，再尝试抛弃气流板，改为双手推动（见图1-171）。

（2）在练习时尽量选择空旷、无风的场地，在不断试飞中会发现，场地过于狭窄是纸飞机难以保持正常飞行的主要原因。

（3）可以通过改变气流板两侧的空气流动速度来控制纸飞机的航向。

2. 新手飞行的常见问题

（1）纸飞机前缘不在同一高度。从机头中间向两侧，前缘高度依次降低，迎风角也逐渐降低（见图1-172）。迎风角越大，纸飞机的结构越强，但是阻力也会相应增加。初学者一定要多加调整，选择合适的迎风角。

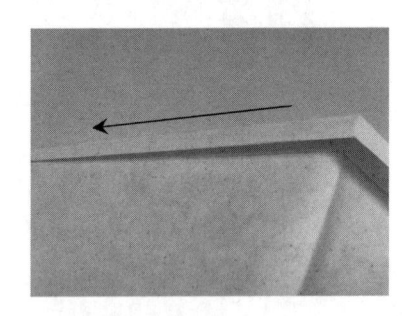

图1-171　双手推动　　　　图1-172　迎风角逐渐降低

（2）起飞偏航严重。由于纸飞机的重量较轻，所以飞行时很容易受干扰，这就要求我们在折纸飞机时一定要注意对称。

（3）纸飞机飞行呈波浪状起伏。这种现象是纸飞机升降舵过高导致的，可以通过适当压平升降舵来解决这个问题。

（4）纸飞机起飞下坠。纸飞机起飞下坠有两个原因，一是上升气流不足，可以让气流板紧跟纸飞机或者换一块更大的气流板；二是纸飞机升降舵过低，纸飞机高度持续下降，速度不断上升，从而加速下坠，这时需要将纸飞机的升降舵适当调高。

（5）不知道什么时候松手。用手托着纸飞机时，一定要多前进一段距离，让纸飞机有足够的初速度后再放手。等到纸飞机机翼两侧向上升起时，就说明放手的时机到了。

第 2 章

橡皮筋动力类

2.1 武装旋翼——橡皮筋动力直升机

2.1.1 纸直升机留空计时赛规则

1. 技术要求

航空模型的机翼材料为魔术板，翼展（挡板）尺寸大于或等于 195mm×160mm，机长为 280mm。

2. 比赛方法

（1）参赛选手需自备工具，在规定时间内完成 1~2 架纸直升机的制作与调试，其中挡板外形用规定材料自行设计，设计后的外形尺寸不限。允许使用胶水或胶带进行粘接。

（2）制作时间小学组为 25min，中学组为 20min。

（3）参赛选手在指定区域放飞航空模型，参赛选手可在 3min 内申请起飞。航空模型出手即为正式飞行，航空模型第一次触地即终止计时。

3. 成绩评定

记录参赛选手的航空模型飞行的留空时间。

4. 判罚

若航空模型挡板超过规定尺寸、使用非原配橡皮筋，则成绩无效。

5. 比赛场地

如图 2-1 所示，在室外场地设置直径为 2m 的圆圈，参赛选手在圈内放飞航空模型。

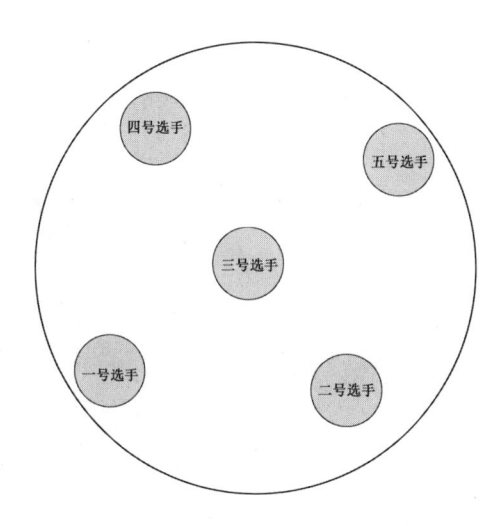

图 2-1 纸直升机留空计时赛场地示意图

2.1.2 直升机的发明

东晋葛洪所著的《抱朴子》一书中有这样一段记述:"或用枣心木为飞车,以牛革结环剑以引其机……上升四十里,名为太清。"这里所描述的"飞车"就是竹蜻蜓(见图 2-2),它由竹柄和叶片两部分组成。公元前约 500 年,人们就从蜻蜓飞翔的动作中受到启示制作出了竹蜻蜓。2000 多年来,竹蜻蜓传遍全球,为无数孩子带来了欢乐,并在他们心中埋下了一颗探索天空的种子。

竹蜻蜓的叶片和它所接触的安装平面存在一定的夹角,用手搓动竹柄叶片会快速旋转。旋转的叶片将空气向下吹动,空气的反作用力会使竹蜻蜓向上飞出(见图 2-3)。

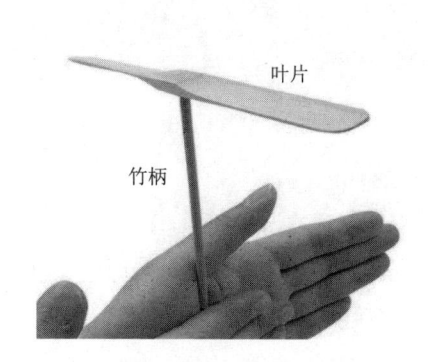

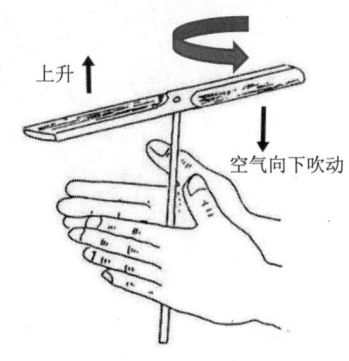

图 2-2 竹蜻蜓　　　　图 2-3 竹蜻蜓飞行原理

世界著名的飞机设计师西科斯基从小就对竹蜻蜓特别感兴趣，12岁那年他就成功制作出了橡皮筋动力直升机。1908年，莱特驾驶着固定翼飞机来到巴黎进行飞行表演，极大地激发了西科斯基制作直升机的梦想。经历多次失败，他积累了丰富的经验，并解决了直升机在空中打转的难题——在直升机尾部安装尾桨。1939年，世界上第一架真正实用的直升机——VS-300直升机诞生了（见图2-4）。

图2-4　VS-300直升机

2.1.3　橡皮筋动力直升机的制作

了解了竹蜻蜓的原理，让它与橡皮筋结合，会摩擦出什么样的火花呢？下面我们就来制作一架橡皮筋动力直升机。首先准备如图2-5所示的材料。

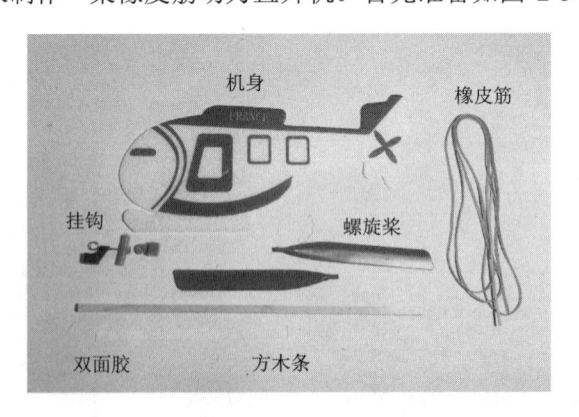

图2-5　直升机材料

1. 安装螺旋桨

将螺旋桨两端的叶片依次安装到挂钩上（见图 2-6）。螺旋桨的截面类似固定翼飞机机翼的截面，可以更好地提供升力，安装好的螺旋桨如图 2-7 所示。

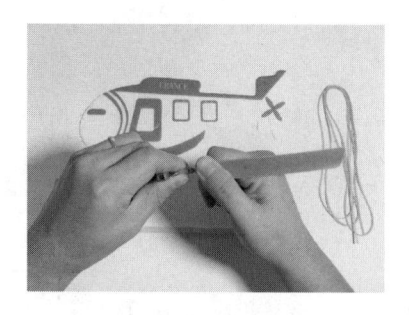

图 2-6　安装螺旋桨叶片

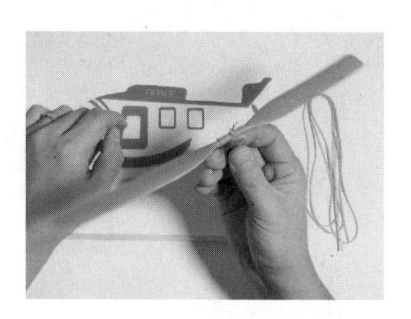

图 2-7　制作好的螺旋桨

2. 插入挂钩

将首尾两个挂钩插入方木条中。注意：首尾两个挂钩的要保持在同一侧，方便后续捆绑橡皮筋（见图 2-8）。

3. 橡皮筋打结

将橡皮筋打结（见图 2-9）。注意：打结处应留出合适的长度，过长会阻碍橡皮筋转动，过短会导致橡皮筋在旋紧时松脱。

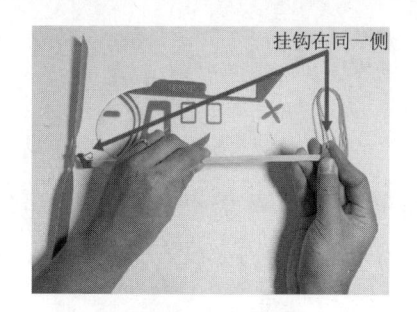

图 2-8　安装挂钩

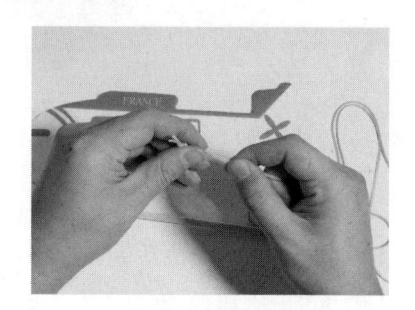

图 2-9　橡皮筋打结

4. 缠绕橡皮筋

将橡皮筋打结的一端放到底部挂钩部位（见图 2-10），这一步可以保证橡皮筋的旋转部分始终光滑，转动起来更加流畅。然后按照顺时针方向缠绕橡皮筋（见图 2-11），最后直接将剩余的一圈挂在挂钩上。

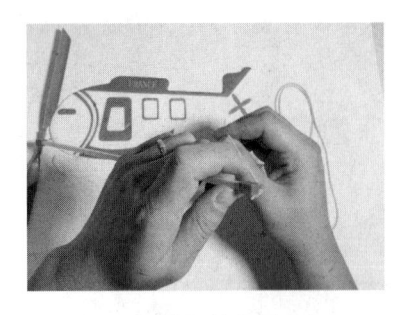

图 2-10　将打结处置于底部　　　图 2-11　顺时针缠绕橡皮筋

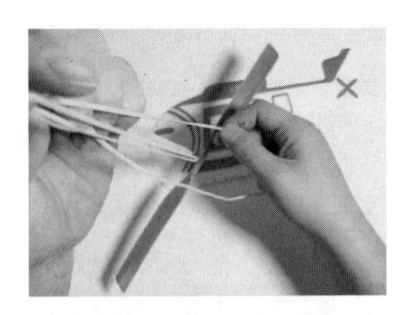

缠绕好的橡皮筋经过简单整理，使每圈橡皮筋的松紧度保持一致，然后在橡皮筋上涂抹专用的润滑油，这对改善橡皮筋的摩擦阻力有非常大的帮助。此时，直升机的主要部分就制作完成了（见图 2-12）。

图 2-12　整理橡皮筋

5. 安装机身

机身不仅起装饰作用，更可以抵消反扭力。倘若不安装机身，那么当纸飞机放飞后，最先旋转的是木棒，将橡皮筋的弹力会很快释放，橡皮筋动力直升机也就难以起飞了。所以安装机身至关重要。

取出双面胶，将双面胶粘接到木棒上（见图 2-13、图 2-14）。

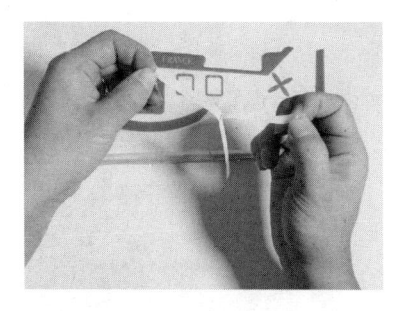

图 2-13　粘贴双面胶（一）　　　　图 2-14　粘贴双面胶（二）

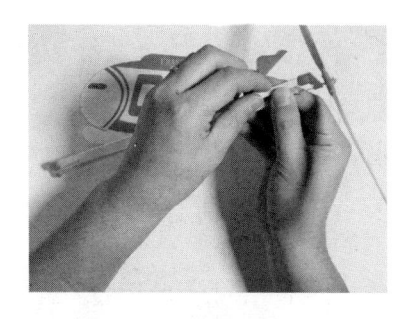

然后将橡皮筋动力直升机的机身粘接到木棒上，机身尽量偏上、靠近螺旋桨粘接（见图 2-15），这样橡皮筋动力直升机飞行起来会更加稳定。制作好的橡皮筋动力直升机如图 2-16 所示。

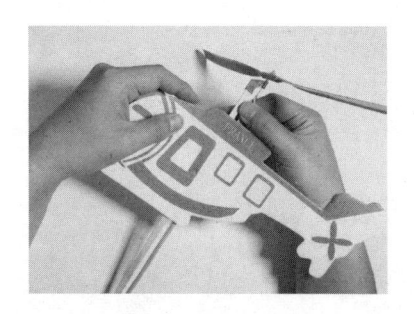

图 2-15　粘接机身　　　　图 2-16　制作完成

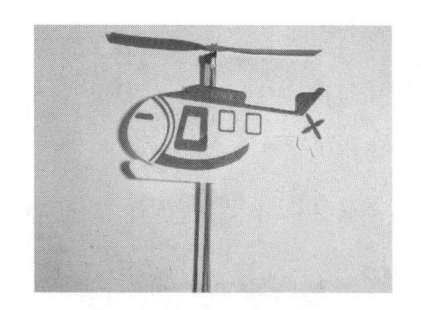

2.1.4　橡皮筋动力直升机的试飞

制作完成后就可以进行试飞了。用手拿住纸飞机底部，然后转动螺旋桨（见图 2-17），直至橡皮筋加载足够的弹力注意螺旋桨旋转的方向。

图 2-17　旋紧橡皮筋

放飞时首先松开螺旋桨（见图 2-18），待到螺旋桨平稳转动后即可松开橡皮筋动力飞机，橡皮筋动力飞机就会直冲云霄（见图 2-19）。赶快和伙伴们比试一下，看谁的飞机制作得更精美、飞得更高。

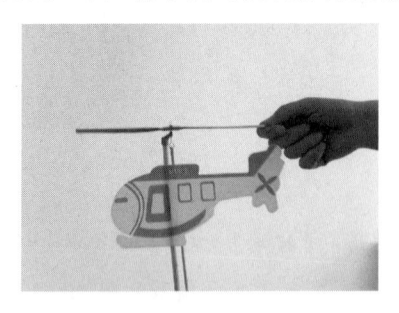

图 2-18　释放纸飞机　　　　图 2-19　橡皮筋动力飞机直冲云霄

2.2　空中骑士——初级橡皮筋动力滑翔机

2.2.1　初级橡皮筋动力滑翔机比赛规则

1. 技术要求

以橡皮筋为动力的模型滑翔机需要动手完成组装调试。航空模型主体材料为泡沫、塑料，翼展小于或等于 530mm、机身长小于或等于 430mm，动力橡皮筋需安装于机身内部。

2. 制作时间

中学组为 20min、小学组为 25min，含调试时间。

3. 其他

其他规则见"总则"和"竞时项目通则"。

2.2.2　雷神号橡皮筋动力滑翔机的制作

西科斯基 12 岁就制作出了橡皮筋动力直升机，这不仅取决于他的聪明才智，航空模型动力的选择也是他成功必不可少的因素。对于初学者来说，选用橡皮筋作为航空模型的动力来源，既可以简化航空模型的制作，又在一定程度上保证自身安全。图 2-20 为雷神号橡皮筋动力滑翔机，下面我们就用这架航空模型来探索天空的秘密。

准备相应的材料，包括机翼、尾翼、螺旋桨、方木棒、定型片、双面胶、加强胶带、橡皮筋和一些配件，如图 2-21 所示。另外，还需要用到砂纸、三角板和铅笔。

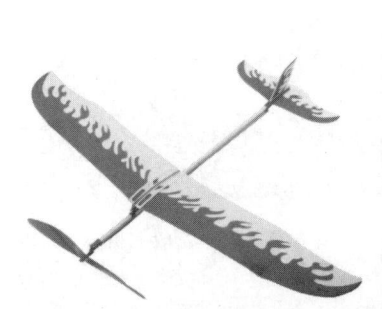

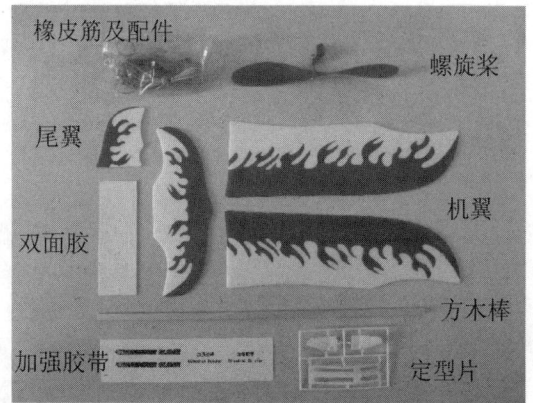

图 2-20　雷神号橡皮筋动力滑翔机　　　　图 2-21　所需材料

1. 制作机翼

在制作航空模型时，一般都是先制作机翼，在机翼制作过程中要将其他零件放在肉眼可见的位置，防止丢失。

首先取出两片机翼，机翼上有一些加工过的凹槽，在图 2-22 中已经用细线标出，后期我们将利用这些凹槽来布置航空模型的气动外形。

先取出左侧的机翼，沿着凹槽向下弯折（见图 2-23）。弯折的时候需要注意力度，如果弯折速度过快，泡沫板容易断裂。再将侧边的小翼向上弯折（见图 2-24），稍加整理后单边机翼就制作完成了。

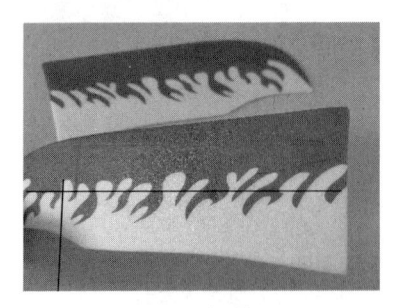

图 2-22　机翼　　　　　　　　图 2-23　弯折凹槽

用同样的方法整理右侧机翼，图 2-25 为整理完成的两侧机翼。

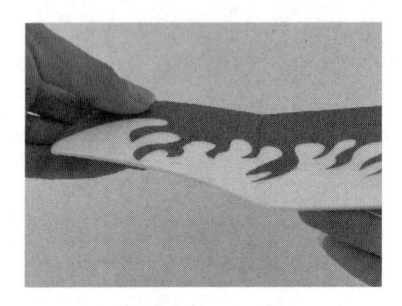

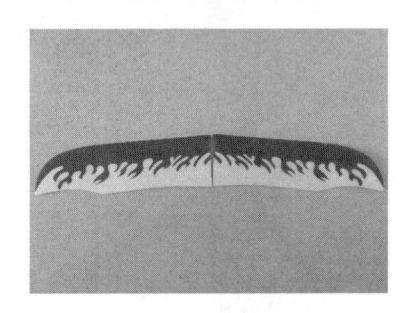

图 2-24　弯折小翼　　　　　　图 2-25　整理完成的机翼

接下来找出翼台（见图 2-26），无凸起的一端为前端，有凸起的一端为后端。然后从附赠的双面胶中取下相应形状的双面胶贴到固定件上（见图 2-27）。

图 2-26　翼台　　　　　　　　图 2-27　粘贴双面胶

先粘贴一侧机翼（见图 2-28），注意翼台的中线位置，需要小心地将机翼粘到对称的位置上，然后粘贴另一侧机翼（见图 2-29）。机翼粘贴好后的缝隙越小，说明粘贴得越标准。

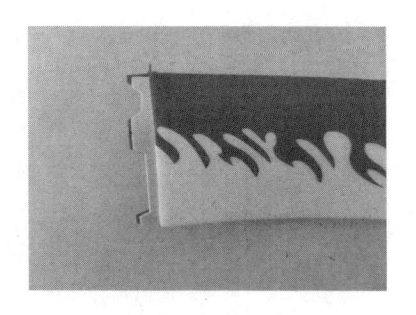

第 2 章 橡皮筋动力类

图 2-28 粘贴机翼 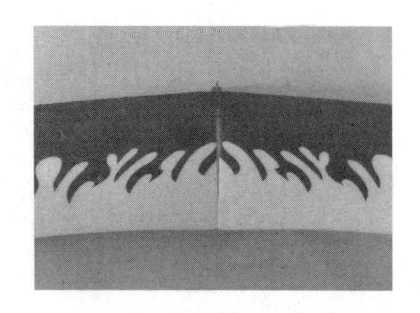 图 2-29 粘贴另一侧机翼

粘贴好的机翼从正面看是上翘的，形成了一个上反角的结构（见图 2-30），可以使航空模型在飞行过程中自行稳定。

接下来需要加固机翼并使其定型，这里需要用到定型片（见图 2-31）。

首先加固机翼。定型片可以用手小心地取下来，也可以用制作航空模型用的剪刀，这里还需要用到一根橡皮筋（见图 2-32）。

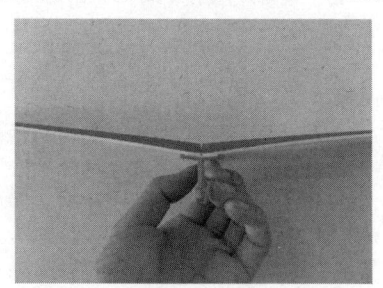

图 2-30 上反角  图 2-31 定型片

将机翼定型片安放到机翼的中间位置，先用橡皮筋钩住翼台的尾端（见图 2-33），然后再将橡皮筋拉到翼台前端固定（见图 2-34）。

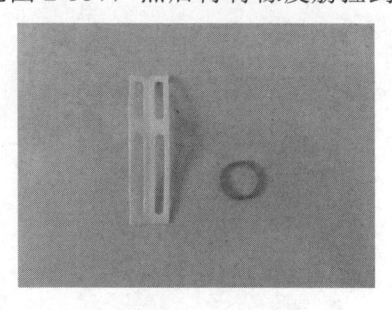

图 2-32 机翼定型片  图 2-33 钩住尾端

整理橡皮筋，使机翼对称（见图 2-35）。

图 2-34　拉到前端固定　　　　　图 2-35　机翼对称

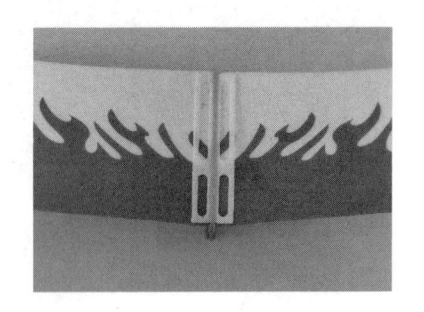

接下来安装翼尖定型片（见图 2-36）。

安装翼尖定型片时首先分清左右顺序及安装位置，不要急于粘贴双面胶。粘贴好的定型片如图 2-37 所示。

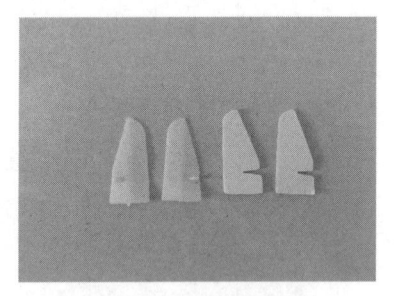

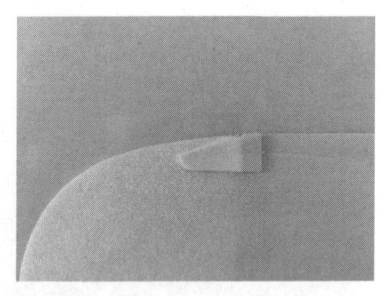

图 2-36　翼尖定型片　　　　　图 2-37　粘贴好的定型片

2. 制作尾翼

取出制作尾翼的材料（见图 2-38）。

首先将尾翼固定件插入方木棒中（见图 2-39）。可以用砂纸打磨方木棒的四条棱，这样有利于翼台及尾翼固定件的安装。

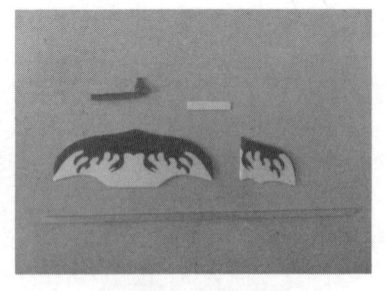

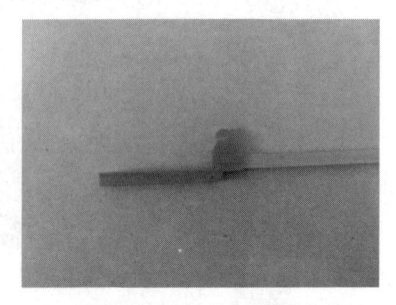

图 2-38　尾翼材料　　　　　图 2-39　插入尾翼固定件

取出剩余的双面胶，将其粘贴到相应位置（见图2-40）。

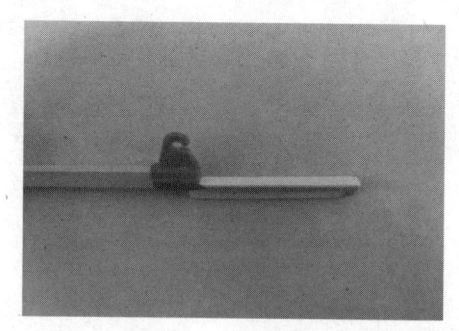

图 2-40　粘贴双面胶

粘贴水平尾翼，注意两边对称（见图2-41）；然后粘贴垂直尾翼（见图2-42）。

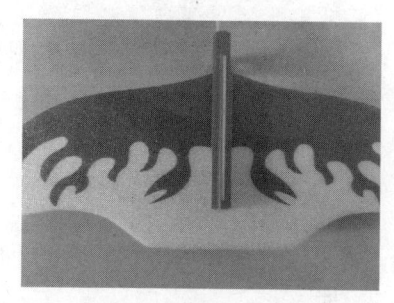

图 2-41　粘贴水平尾翼　　　　　　图 2-42　粘贴垂直尾翼

3. 组装机头与机身

方木棒经过打磨再安装就会方便许多。翼台与方木棒头部距离约为7cm（见图2-43），这时航空模型的滑翔性能最佳。

安装机头螺旋桨（见图2-44）。注意方向，机头挂钩与尾翼挂钩应在同一方向。

将橡皮筋两端打结，保证打结处有合适的长度（见图2-45）。将橡皮筋打结处放置到尾翼挂钩处，然后缠绕橡皮筋（见图2-46）。

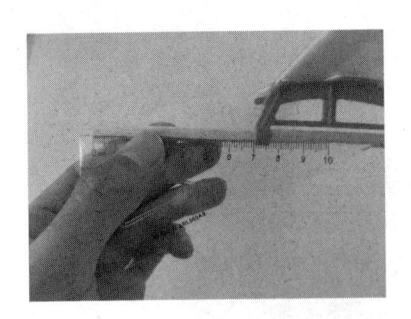

图 2-43　插入机翼固定件　　　　　图 2-44　安装机头螺旋桨

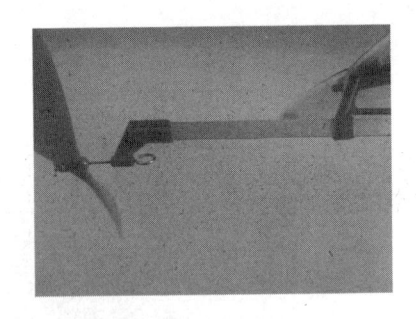

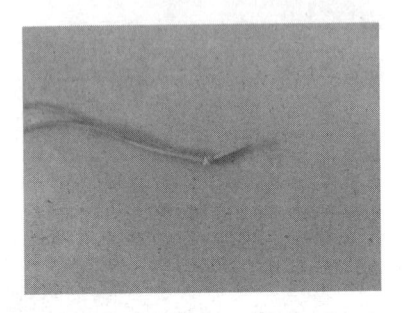

图 2-45　将橡皮筋打结　　　　　　图 2-46　缠绕橡皮筋

4. 粘贴加强胶带

这一步主要是为了加强机翼翼尖。用手将翼尖弯折出一定角度后再粘贴加强胶带，会使翼尖保持上反角姿态（见图 2-47）。

制作好的滑翔机如图 2-48 所示。

图 2-47　粘贴加强胶带　　　　　　图 2-48　成果展示

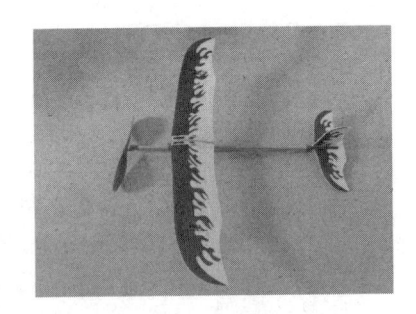

2.2.3 雷神号橡皮筋动力滑翔机的试飞

1. 外形调整

从航空模型的头部向后观察，航空模型左右机翼应对称，不能有明显的偏斜。若有，则应及时调整。

2. 飞行调整

选择开阔无风的环境，将航空模型轻轻抛出，航空模型正常滑行就说明重心已经调整好，若快速下降则说明重心靠前，此时应将翼台向前移。若航空模型抛出后的飞行轨迹呈波浪形，则说明重心靠后，此时应将翼台向后移动。

3. 飞行

用一只手拿住翼台部位，然后将螺旋桨沿顺时针方向旋转 200 圈左右，好的橡皮筋可以旋转更多圈。橡皮筋出现明显的凹凸形状就说明橡皮筋已经加上了足够的弹力（见图 2-49）。另外，为了使橡皮筋更好地转动，可以在橡皮筋上涂抹专用的润滑油。

放飞时，选择逆风的方向，先松开拿着螺旋桨的手，让螺旋桨平稳地转动起来，之后平抛出航空模型，航空模型会逐渐上升，之后慢慢滑翔（见图 2-50）。

图 2-49　橡皮筋状态　　　　图 2-50　放飞姿势

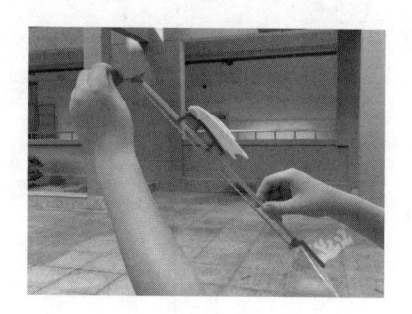

2.3 空中战士——仿真橡皮筋动力飞机

2.3.1 仿真橡皮筋动力飞机比赛规则

1. 技术要求

比赛使用以橡皮筋为动力的模型滑翔机,需要动手完成组装调试。航空模型主体材质为泡沫、塑料,翼展小于或等于 600mm、机身长小于或等于 430mm,动力橡皮筋需安装在机身内部。

2. 制作时间

中学组为 20min、小学组为 25min,含调试时间。

3. 其他

其他规则见"总则"和"竞时项目通则"。

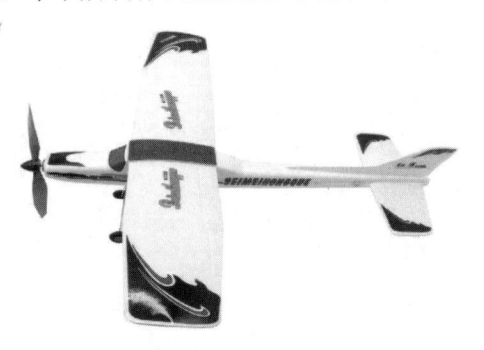

2.3.2 红雀号仿真橡皮筋动力飞机的制作

2.2 节介绍了如何制作一架初级橡皮筋动力滑翔机,以及如何进行调试。接下来,我们将进一步探索仿真橡皮筋动力飞机的制作,如图 2-51 所示。与 2.2 节不同的是,本节所制作的航空模型更接近现实中的飞机。

图 2-51 红雀号仿真橡皮筋动力飞机

第 2 章 橡皮筋动力类

红雀号仿真橡皮筋动力飞机的制作考验操纵者对航空模型每个部位的了解，部分部件做了预处理，如机身已经用泡沫胶粘接完毕，橡皮筋也已经安装在了机身内部（见图2-52、图2-53）。注意：机头部位的铁丝只起辅助作用，制作完成后需要将其拆除。

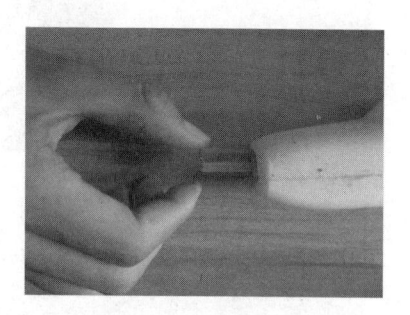

图 2-52　机身已粘接　　　　　图 2-53　橡皮筋已安装

1. 准备工作

首先准备需要用到的材料，包括机身、机翼、尾翼、机翼盖、贴纸、螺旋桨（见图2-54）。

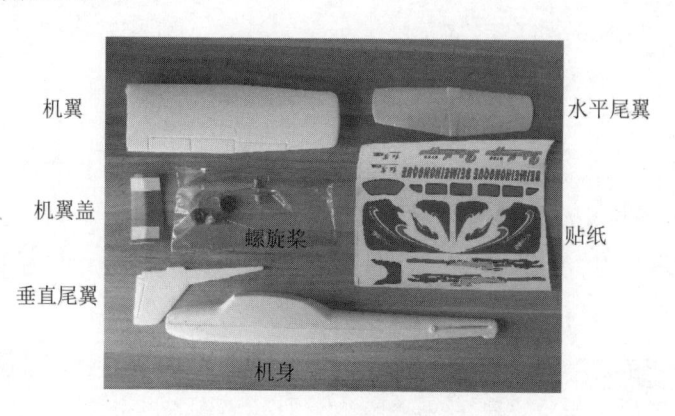

图 2-54　所需材料

为了节省包装空间，许多商家将机翼做了处理，拿到材料后需要先将对折的机翼展开，压平（见图2-55）。

机身上与机翼连接的部位已经粘贴好了双面胶（见图2-56）。揭下双面胶覆膜后将机翼粘接到机身上，注意机翼的中线一定要与机身的中线重合，这样才能保证左右对称。机翼粘接好后会有一个上反角（见图2-57）。

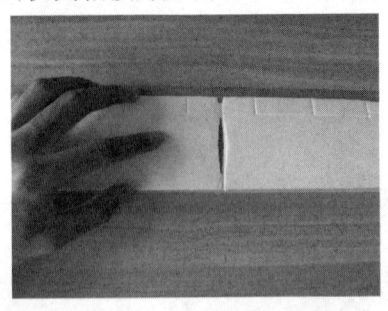

图 2-55　展开对折的机翼

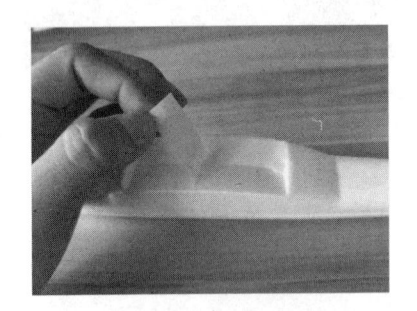

图 2-56　机身上的双面胶

图 2-57　机翼上反角

2. 安装机翼盖板

取出机翼盖板，它的作用是使机翼更牢固。机翼盖板两端的宽度并不相同，靠近机头部位更宽（见图2-58）。机翼盖板上同样有双面胶，揭下双面胶的覆膜，将盖板盖到机翼上并压实（见图2-59）。整个过程要注意的是，两个部件一旦粘接，是无法拆卸的。

图 2-58　机翼盖板

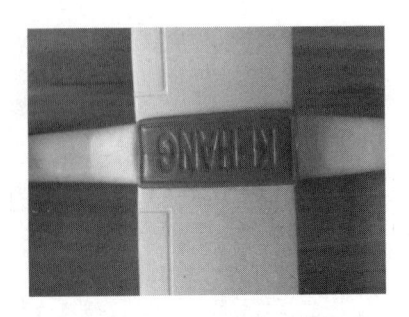

图 2-59　安装机翼盖板

3. 安装水平尾翼

水平尾翼中部有一条锥形的凸台（见图 2-60），凸台的锥度正好对应机身的后侧（见图 2-61）。

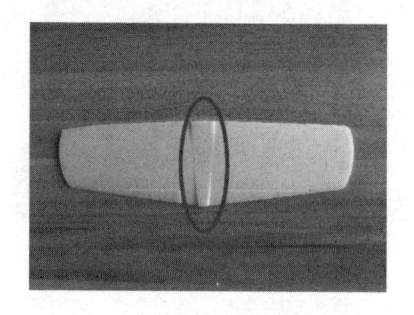

图 2-60　水平尾翼　　　　图 2-61　机身后侧

将水平尾翼小心地插入机身中，使尾翼的凸台与机身对齐，这样尾翼就会自然地左右对称（见图 2-62）。

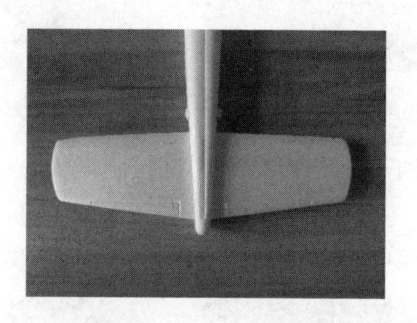

图 2-62　安装水平尾翼

4. 安装垂直尾翼

垂直尾翼与机身连接的位置有拼插口（见图 2-63）。将垂直尾翼小心地插入机身中（见图 2-64），如果有泡沫胶，则可以在尾翼上涂抹泡沫胶后再拼接，这样会更牢固。

5. 安装螺旋桨

航空模型的主体已经制作完成，下面安装螺旋桨。取出螺旋桨部件及桨罩（见图2-65）。去除螺旋桨旋转部位的毛刺，然后将桨罩安装到螺旋桨上（见图2-66）。

图 2-63 拼插部位

图 2-64 安装垂直尾翼

图 2-65 螺旋桨及桨罩

图 2-66 合并组件

将螺旋桨挂钩与橡皮筋相连。首先拉出橡皮筋，然后用螺旋桨上的挂钩钩住橡皮筋，最后将作为辅助部件的铁丝抽离（见图2-67）。松开手，螺旋桨就会因为弹力而自然地组合到机身上（见图2-68）。

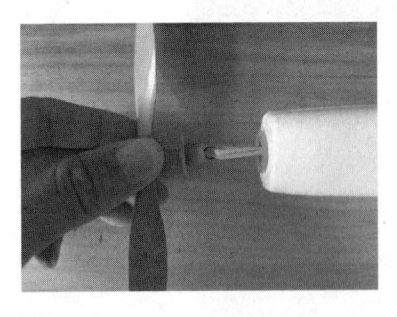

图 2-67 安装螺旋桨

图 2-68 螺旋桨归位

6. 制作和安装起落架

一架完整的航空模型少不了起落架。起落架的存在既可以避免机身直接接地，又可以在降落过程中起到良好的缓冲作用，大大减小机身断裂的风险。

起落架由支架、机轮、轮挡三部分组成（见图 2-69）。起落架的轮挡是用塑料制成的，上面印有轮毂图案，在减轻重量的同时还美观方便。

图 2-69　起落架部件

安装机轮时要注意机轮的方向，凹槽较浅的一面在外侧，这样可以和轮挡相互配合（见图 2-70、图 2-71）。

图 2-70　机轮安装方向　　　　图 2-71　安装轮挡

制作好起落架后，将起落架插入机身的起落架支座中（见图 2-72、图 2-73）。

图 2-72　机身起落架支座　　　　　图 2-73　安装起落架

7. 涂装

此时制作好的航空模型还是空白的（见图 2-74），可以根据自己的喜好进行涂装。

（1）粘贴机头部位贴纸。将机头整流罩贴纸揭下来，粘贴到机头部位（见图 2-75）。

（2）粘贴机腹及机身贴纸。机腹处的贴纸为七彩流云的图案（见图 2-76），它象征着万事如意；机身处的贴纸为"北美红雀"的全拼，是航空模型的标识（见图 2-77）。

图 2-74　空白的航空模型　　　　　图 2-75　粘贴机头部位贴纸

图 2-76　机腹贴纸　　　　　图 2-77　机身贴纸

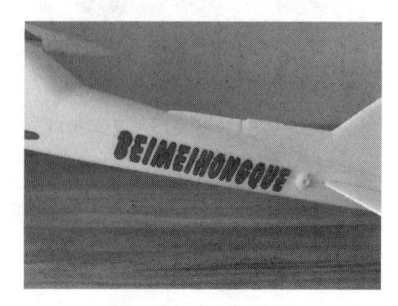

第 2 章 橡皮筋动力类

（3）粘贴机身贴纸。首先粘贴主驾驶舱贴纸（见图 2-78），随后粘贴两侧乘客舱贴纸（见图 2-79）。注意：乘客舱的位置要与主驾驶舱的位置对应好，这样才能更自然。

图 2-78　粘贴主驾驶舱贴纸　　　　图 2-79　粘贴乘客舱贴纸

（4）粘贴机翼贴纸。首先在翼尖处粘贴贴纸（见图 2-80），这样机翼会更美观，但粘贴翼尖贴纸最大的作用是在飞行过程中辅助操纵者分辨航空模型的飞行角度。然后在机翼的中间位置贴上贴纸（见图 2-81）。

图 2-80　粘贴翼尖贴纸　　　　图 2-81　粘贴机翼贴纸

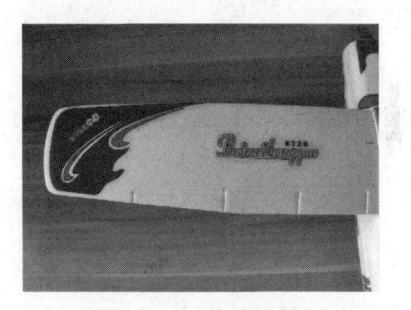

（5）粘贴尾翼贴纸。首先粘贴水平尾翼贴纸，水平尾翼贴纸与主机翼的贴纸相对应（见图 2-82）；然后粘贴垂直尾翼贴纸（见图 2-83）；最后将航空模型的型号粘贴到垂直尾翼上（见图 2-84）。此处也是大多数航空模型展示型号的位置，如果想了解一架航空模型的型号，看其尾翼就可以。

图 2-82 粘贴水平尾翼贴纸　　图 2-83 粘贴垂直尾翼贴纸

这时航空模型就制作完成了（见图 2-85）。

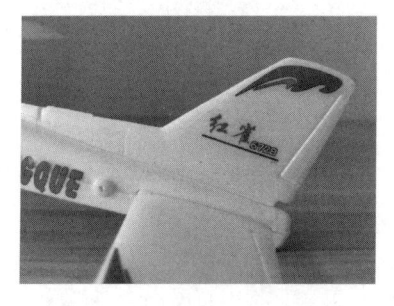

图 2-84 粘贴航空模型型号　　图 2-85 成果展示

2.3.3 红雀号仿真橡皮筋动力飞机的试飞

1. 外形调整

从航空模型的头部向后观察，航空模型左右机翼应对称（见图 2-86），不能有明显的偏斜，若有，则应及时调整。

2. 飞行调整

由于反扭力的作用，航空模型飞行时的正常轨迹是边爬升，边向右盘旋飞行。试飞时，应选择开阔微风的环境，迎风右侧 15°放飞。若航空模型正常爬升，则说明重心已经调整好；若快速下降，则说明机头部位过重，此时可以在机身后部增加配重，或者向上调整升降舵（见图 2-87）。若航空模型抛出之后的飞行轨迹呈波浪形，则说明重心靠后，这时需要在机头部位增加配重。

图 2-86　保证航空模型机翼技术　　　　图 2-87　升降舵

3. 飞行

用手顺时针拨动螺旋桨，缠绕大约 150 圈时即可放飞，放飞时用手轻轻抛出即可。

在橡皮筋上涂抹润滑油或蓖麻油，这样不仅可以延长橡皮筋的使用寿命，还可以减小橡皮筋的阻力，使航空模型飞起来更流畅。

2.4　仿生精灵——橡皮筋动力扑翼机

2.4.1　橡皮筋动力扑翼机比赛规则

1. 技术要求

比赛使用以橡皮筋为动力的扑翼仿生航空模型。航空模型需要动手完成组装调试，主体材质为碳纤维杆、塑料，翼展为 450～470mm、机身长为 310～330mm。

2. 制作时间

中学组为 25min、小学组为 30min，含调试时间。

3. 其他

其他规则见"总则"和"竞时项目通则"。

2.4.2 扑翼机的发明

大鹏展翅、鹰击长空，这是古人对蓝天的向往。在没有飞机的年代，人们通过观察和模仿鸟类的飞行动作、用鸟的羽毛制作飞行的"翅膀"等方式，尽可能地接近鸟类，这就是扑翼机诞生的基础。

15世纪初，世界上第一架按照技术工艺规程设计的扑翼机图样出现了，它的设计者是达·芬奇。这份设计图样至今还在保存在博物馆中（见图2-88）。达·芬奇的设想是一个人俯卧在飞机中部，通过前后移动身体来改变飞机的重心，两只手臂负责扇动翅膀，推动空气，使自己飞起来。

20世纪初，科学家和设计师在扑翼机领域不断取得突破。但还是有很多问题没有解决，如仅靠人扇动翅膀来让自己起飞是无法实现的，毕竟鸟类在漫长的进化过程中已经进化出了中空的骨骼及一系列适应飞行的系统。如果靠机械来扇动"翅膀"，效果也不太理想，并且随着体积的增加，对飞机零件的要求也成倍增长。所以近代扑翼机大多是微型扑翼机，并且不断朝着仿生、无人等领域发展，如图2-89所示为某公司研制的仿生机械鸟。

图 2-88　达·芬奇的扑翼机　　　　图 2-89　仿生机械鸟

2.4.3 橡皮筋动力扑翼机的制作

制作橡皮筋动力扑翼机需要准备相关的材料，包括机翼、尾翼、配重块、木棒、橡皮筋和其他配件（见图 2-90）。橡皮筋动力扑翼机的制作主要考验操纵者对组装航空模型的理解。

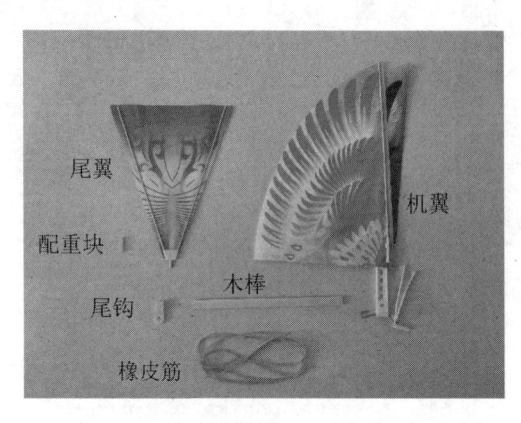

图 2-90　橡皮筋扑翼机

1. 制作机翼

取出机翼部件，机翼的完成度已经很高了，机翼连杆、机翼骨架都已经预先组装完毕（见图 2-91）。

将连杆一端插入机翼部位的 L 形铁丝中（见图 2-92）。由于连杆是注塑材质，所以有的孔并没有打通，可以用针小心地将孔打通（见图 2-93）。

连接好的机翼如图 2-94 所示，一定要注意两根连杆的连接顺序，从机翼正前方观察，靠近把手位置的连杆连接左侧机翼，远离把手位置的连杆连接右侧机翼，制作时应细心。

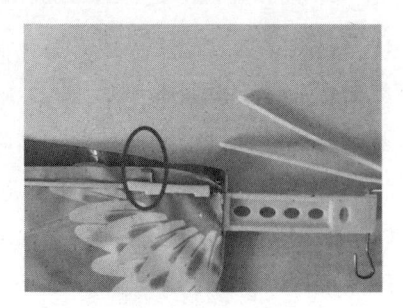

图 2-91　机翼　　　　　　　　图 2-92　L 形铁丝

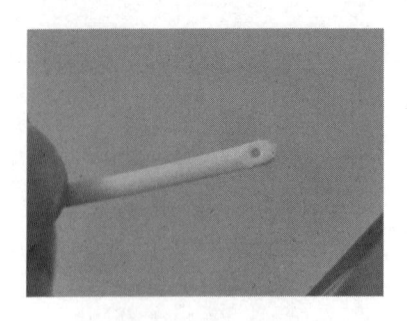

图 2-93　检查孔是否打通　　　　图 2-94　连杆的顺序

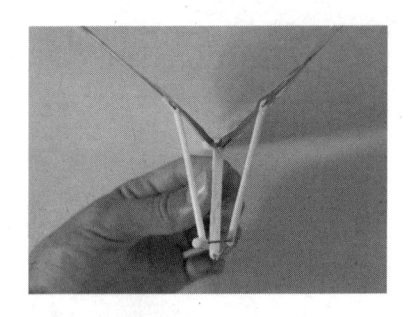

2. 制作机身

拿出机身木棒，用砂纸将木棒两端打磨光滑，这样更利于插接。先将木棒插入机翼中（见图 2-95）。然后将机身尾钩插入木棒中，插入时注意尾钩的方向（见图 2-96）。

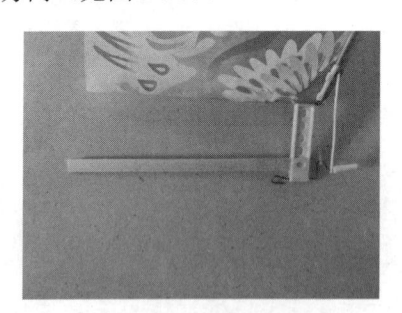

图 2-95　插入机翼　　　　图 2-96　插入尾钩

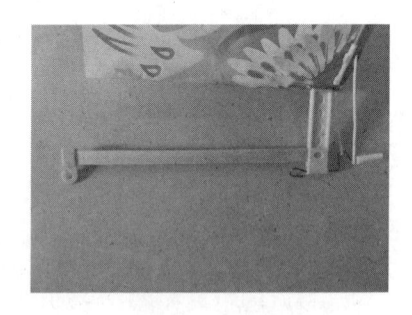

3. 插入尾翼并连接橡皮筋

机翼尾部有一个铁片，将其插入尾钩中（见图 2-97）。机翼与机身连接处用铁片还有另一个作用，由于尾翼具有升降舵的作用，用铁片连接，在调节尾翼后仍然可以保持尾翼的高度，扑翼机的稳定性也可以得到保证。

插入尾翼后缠绕橡皮筋。将橡皮筋两端打结，打结处留合适的长度（见图 2-98）。然后将打结处置于尾钩处，再将橡皮筋一圈一圈地缠绕在航空模型挂钩上（见图 2-99）。

第 2 章 橡皮筋动力类 073

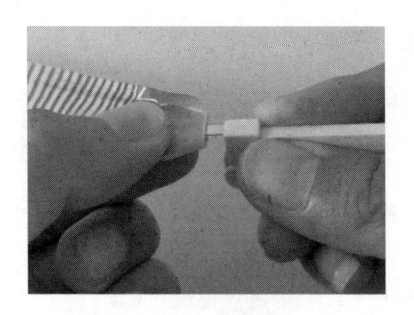

图 2-97 插入尾翼　　　　　图 2-98 两端打结

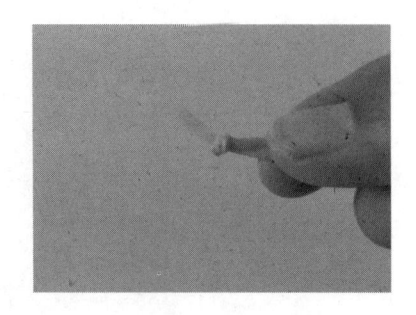

稍加整理，使每圈橡皮筋的弹力均匀。这样，一架扑翼机就制作完成了（见图 2-100）。

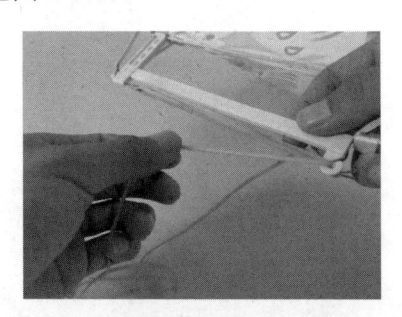

图 2-99 缠绕橡皮筋　　　　　图 2-100 成果展示

2.4.4 橡皮筋动力扑翼机的试飞

1. 外形调整

航空模型的整体要匀称，各部位的连接处应该紧密，某些部位可以适当加强。

2. 飞行调整

选择开阔无风的环境，缠绕好橡皮筋后将航空模型轻轻抛出，若航空模型正常飞行且匀速上升，则说明航空模型已经调整好；若航空模型快速下降，则说明航空模型重心靠前，可以调整一下尾翼，使尾翼与水平面夹角保持在 15°（见图 2-101）。若航空模型抛出后不断爬升，飞行轨迹为一个圆周，则说明尾翼角度太大，此时应减小尾翼角度。

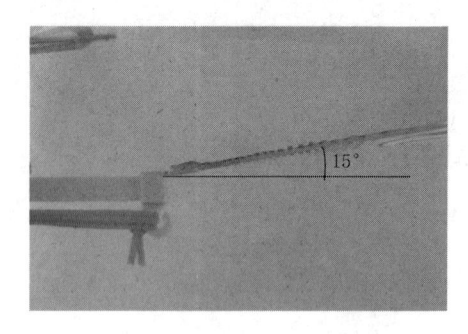

图 2-101　尾翼与水平面夹角 15°

3. 航空模型左右配平

航空模型配件中自带一块配平块（见图 2-102），若航空模型飞行时向一侧偏，则可以将配平块卡在另一侧机翼的竹条上（见图 2-103）。

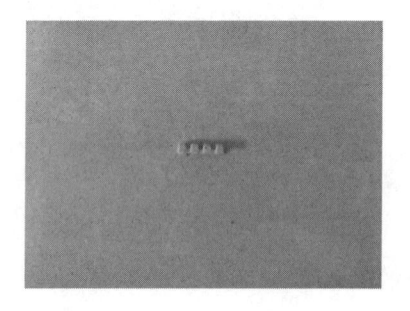

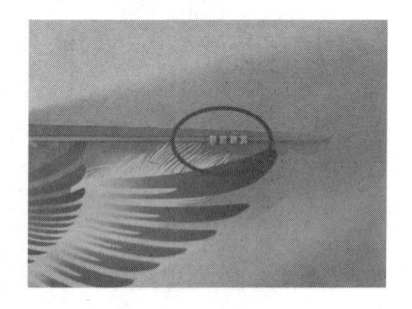

图 2-102　配平块　　　　图 2-103　安装配平块

2.5　鹰击长空——橡皮筋弹射飞机

2.5.1　橡皮筋弹射滑翔机比赛规则

1. 技术要求

参赛航空模型选择以橡皮筋弹射为动力的滑翔机，其主体材质为轻质木、泡沫；翼展小于或等于 260mm、机身长小于或等于 350mm、弹射棒长度小于或等于 300mm。航空模型需要参赛选手完成组装调试。

2. 制作时间

中学组为 20min、小学组为 25min，含调试时间。

3. 其他

其他规则见"总则"和"竞时项目通则"。

2.5.2 燕鹰号橡皮筋弹射飞机的制作

航空模型的飞行距离除了与航空模型本身的翼型有关，还与航空模型的初速度有关，当航空模型以不同的速度被抛出时，它的滑翔距离也是不同的。

但是人类自身的能力有限，无法将航空模型抛得太远，而以橡皮筋为动力，可以将航空模型抛得更远。通过拉伸橡皮筋获得弹力，利用弹力抛飞可以使航空模型飞得又快又远。下面我们来制作一架橡皮筋弹射飞机。

1. 准备工作

准备相应的材料，包括机身、机身侧板、机翼、尾翼、弹射钩、橡皮筋弹射棒（见图 2-104）。航空模型机身的材质是 5mm 的魔术板，因为航空模型弹射时的加速度非常大，KT 复合板无法满足要求。

2. 制作机身

取出机身及机身侧板，将多余的材料去除（见图 2-105）。

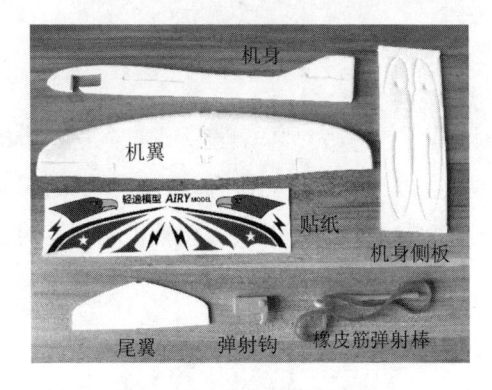

图 2-104　航空模型部件

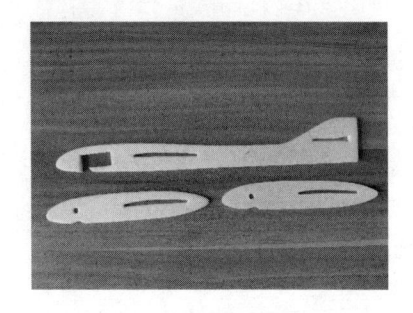

图 2-105　航空模型机身

机身侧板自带双面胶（见图2-106），使用时无须准备多余的双面胶。先粘接右侧的机身侧板（见图2-107），粘接时以机翼处的孔为基准。

图2-106　机身侧板自带双面胶 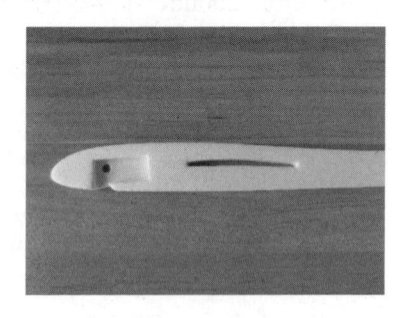　　　图2-107　粘接右侧机身侧板

3. 粘贴弹射钩

按照机头凹槽的位置，将弹射钩安装进机头（见图2-108）。最后粘贴左侧机身侧板（见图2-109），由于有许多限制，因此左侧的机身侧板很容易安装到正确位置。

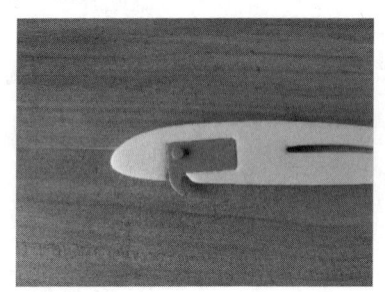

图2-108　粘贴弹射钩 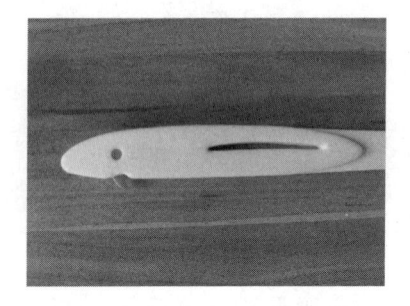　　　图2-109　粘贴左侧机身侧板

4. 安装机翼

橡皮筋弹射飞机的机翼是一体的，不用预先制作，直接拼插到机身上即可，但一定要注意机翼的正反，机翼的正面写着"向上"的标识（见图2-110）。

机翼的前缘和后缘都有定位槽，根据定位槽可以大致调整机翼使其对称（见图2-111）。

5. 安装尾翼

尾翼同样有正反，可以根据尾翼上的压痕来判断，有压痕的一面为正面

（见图2-112），然后将尾翼插入机身中（见图2-113）。

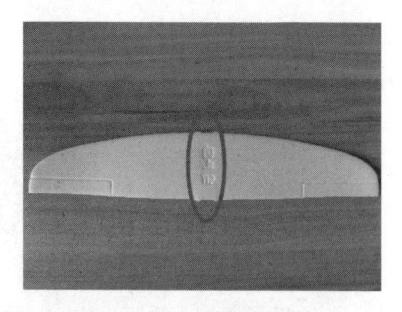

图2-110　机翼正面

图2-111　安装机翼

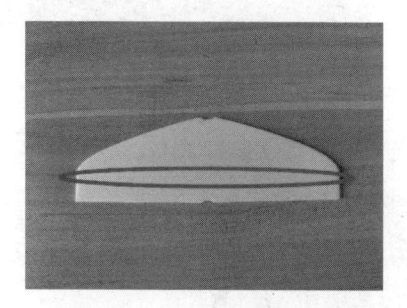

图2-112　尾翼的正面

图2-113　安装尾翼

6. 粘贴贴纸

取出贴纸，贴纸图案有些复杂（见图2-114），所以要提前在脑海中演练一遍，分清每片贴纸的正确位置。

贴纸中最好分辨的就是"鹰头"的标志，所以可以先将航空模型头部贴纸粘贴好（见图2-115）。

图2-114　机身贴纸

图2-115　粘贴航空模型头部贴纸

接下来是机翼贴纸。找到贴纸中最大的,这部分就是机翼翼尖贴纸(见图 2-116)。

粘贴尾翼贴纸的步骤与机翼的相同(见图 2-117)。

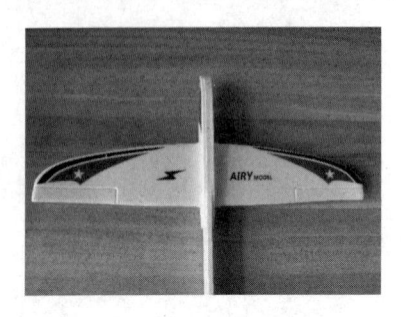

图 2-116　机翼翼尖贴纸　　　图 2-117　尾翼贴纸

粘贴上机身贴纸,燕鹰号橡皮筋弹射飞机就制作完成了(见图 2-118)。

图 2-118　成果展示

2.5.3　燕鹰号橡皮筋弹射飞机的试飞

1. 外形调整

(1)由于航空模型的机翼和尾翼都是插入机身中的,所以有的地方在撞击中会发生偏斜,这就需要及时地进行调整,保证各部件之间对称。

(2)正常情况下,航空模型的机翼是向上翘的,这样有利于飞行。

2. 飞行调整

(1)橡皮筋弹射飞机的起飞方式和普通航空模型不一样,图 2-119 所示为航空模型的起飞弹射手法。

（2）选择开阔无风的环境进行航空模型的试飞。航空模型的尾部升降舵部位预留出了一定的摆动空间（见图2-120），可以通过调整升降舵的角度使航空模型飞出不同的花样。

图 2-119　弹射手法　　　　图 2-120　升降舵处的空间

3. 飞行技巧

（1）将航空模型倾斜着弹射出去，之后航空模型会螺旋上升。

（2）调节升降舵，尽量让航空模型沿直线飞行，这样会获得最远的飞行距离。

（3）调节升降舵，使升降舵向上偏，这样航空模型弹射出去后会做翻滚运动。

4. 安全警告

（1）航空模型严禁对人弹射，以免发生危险。

（2）若航空模型挂到树上或飞到建筑物上，严禁私自攀爬拿取。

第 3 章

火箭类

3.1　飞向太空——气动火箭

3.1.1　气动火箭距离挑战赛规则

1. 技术要求

箭体直径为 45mm，箭体长度小于或等于 300mm，使用标准安全发射台，箭体不能有任何金属材质，火箭头部必须有缓冲装置。

2. 制作时间

小学组为 25min，中学组为 20min。

3. 比赛时间

每轮比赛时间为 3min。比赛按编组进行，3min 之内由裁判员统一分两次倒计时发令。

4. 比赛方法

（1）每轮比赛火箭可发射两次，每轮取距离最远的一次作为比赛成绩，发射出去的火箭需要由本人捡拾。

（2）测量火箭头部距离发射线的直线距离，精确到 0.01m。

5. 比赛场地

气动火箭距离挑战赛场地示意图如图 3-1 所示，设置发射线一条，火箭发射台整体位于发射线之后，每隔 5m 设置一条平行于发射线的目标线。

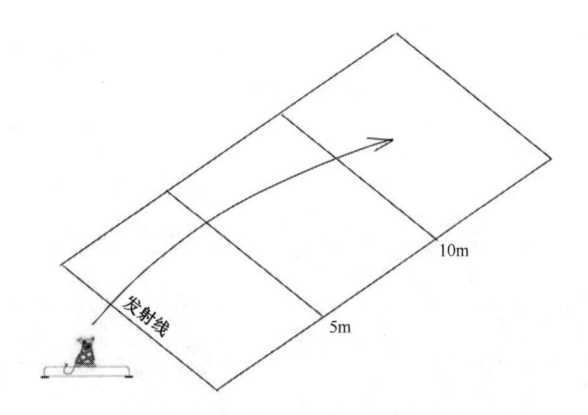

图 3-1 气动火箭距离挑战赛场地示意图

3.1.2 脚踏式气动火箭的制作

在吹飞镖击穿易拉罐表演时，表演人员使用一根吹管，在管内放置特制的飞镖，对准易拉罐用力一吹，易拉罐随即被飞镖击破，场面十分震撼（见图3-2）。

飞镖之所以能够击穿易拉罐，其实是因为利用了压缩空气的内能，压缩空气的内能转换为飞镖的动能，推动飞镖击破易拉罐。

了解了吹飞镖的原理，我们可以利用这个原理制作一个气动火箭。首先准备制作气动火箭所需的材料（见图3-3），包括箭体、尾翼、发射支架、底座及脚踏式气筒。

图 3-2 吹飞镖表演　　图 3-3 材料

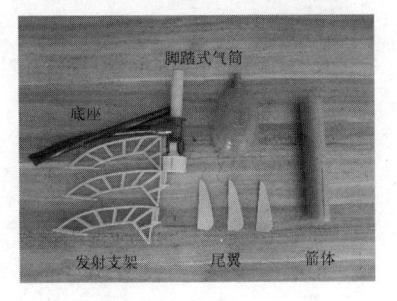

1. 制作气动火箭

取出箭体和尾翼（见图3-4），尾翼在火箭的构造当中发挥着重要的作用。

火箭的箭体是圆柱形的，火箭发射出去后会沿着轴线不断旋转，随着速度的增加，其内部仪器失灵的风险也会大大增加，而增加了尾翼之后，尾翼会分割气流，起到导向的作用，增加了火箭的稳定性。许多导弹上也会有尾翼，并配备了方向舵，以增加精准命中目标的概率（见图3-5）。

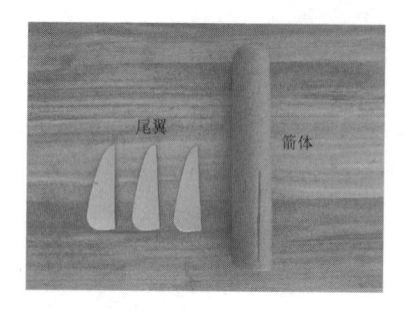

图3-4　箭体材料

图3-5　导弹的尾翼

粘接尾翼和箭体时可以用泡沫胶，为了更快地粘接，也可以使用502胶。先将尾翼安放在箭体对应的凹槽中（见图3-6），然后涂抹502胶（见图3-7），按照此步骤粘接其他两处尾翼（见图3-8）。

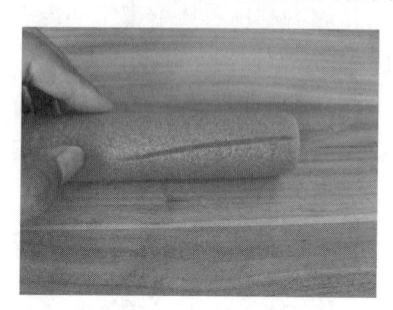

图3-6　凹槽

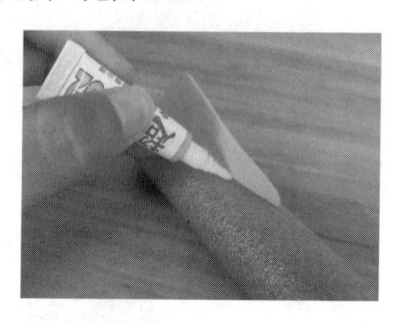

图3-7　涂抹502胶

图3-8　粘贴尾翼

2. 组装发射架

首先取出发射架的三个发射支架和一个底座（见图 3-9）；然后将三个支座依次插入到底座当中（见图 3-10）。

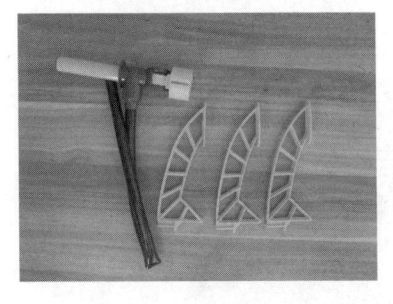

图 3-9　支架及底座

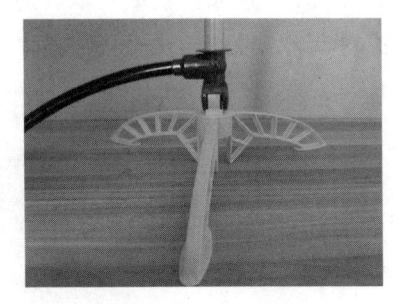

图 3-10　制作发射架

3. 安装脚踏式气筒

将脚踏式气筒的出气口与发射架的软管相连接（见图 3-11），然后将连接处用附赠的扎带扎紧，防止漏气（见图 3-12）。

图 3-11　安装脚踏式气筒

图 3-12　扎紧连接处

制作好的成品如图 3-13 所示。

图 3-13　成果展示

3.1.3 脚踏式气动火箭的试飞

气动火箭距离挑战赛以气动火箭发射后飞行的距离来计算比赛成绩,所以让气动火箭飞得更远是取胜的关键。可以调整发射架的角度(见图3-14),找到一个合适的角度来让气动火箭发射后飞得更远。

图 3-14　调整发射架角度

3.2　探索未来——水火箭

3.2.1　水火箭打靶比赛规则

1. 技术要求

航空模型箭体材料限用塑料饮料瓶,配重必须装在箭体内部,定向片限用塑料材料。航空模型需要现场制作完成并组装调试,制作完成后的航空模型必须有三个面以上的尾翼。材料、工具自备。

2. 制作时间

中学组为50min、小学组为60min,需完成1～2架水火箭的制作与调试。制作完成后允许一名助手进场送发射装置,发射装置不得共用。

3. 比赛时间

每轮比赛时间为3min。比赛按编组进行,3min之内由裁判员统一分两次倒计时发令。

4. 比赛方法

选手自备水火箭发射架，发射架上必须安装发射控制装置，确保水火箭起飞前锁定在发射架上。水火箭正常降落到得分区域内为有效飞行，测量水火箭头锥最前端垂足与靶心的直线距离，精确到0.01m。

5. 成绩评定

（1）每轮比赛以测量的直线距离作为该轮比赛成绩，与靶心距离短者名次列前。

（2）比赛进行两轮，以两轮成绩之和作为比赛成绩排定名次。如名次相同，则以最好的一轮成绩排定名次；如再相同，则并列。

6. 判罚

水火箭解体或未降落到得分区域内，均为发射失败，成绩记为30m。发射口令下达后1min内未能完成发射，该轮成绩记为50m。

7. 比赛场地

以靶心为圆心，半径为15m的圆内为有效区域。起飞线距离靶心50m，发射架整体位于起飞线之后，水火箭打靶比赛场地示意图如图3-15所示。

图3-15 水火箭打靶比赛场地示意图

3.2.2　水火箭的原理

水火箭又称为气压式喷水火箭,是一个物理教学中非常著名的小制作,它主要利用相互作用力和能量转换两个原理,它能启发和激励青少年探索天空。

水火箭的主要材料是塑料饮料瓶,塑料饮料瓶可以制作成火箭的储能仓、箭头、尾翼等部件。不同大小的塑料饮料瓶可以制作成不同规格的水火箭,几组塑料饮料瓶串联起来还可以制作成多级水火箭(见图3-16)。

水火箭的发射原理可以简单地描述为:用一个橡皮塞塞紧瓶子形成一个密闭的空间,将气体打入密闭空间使其内部压强升高,当瓶内气体压强超过临界值时,橡胶塞与瓶口脱离,瓶内的水向下喷出,瓶身获得反作用力后向上运动。水火箭与大型火箭的发射原理相同,区别是推动瓶身运动的介质不同。由于水火箭的介质是水,火箭发射时内部的压力会很快被释放,所以水火箭相对固体燃料火箭的安全性更高。

图3-16　三级水火箭

3.2.3　水火箭的制作

1. 准备工作

首先准备相应的部件,主要包括塑料饮料瓶、尾翼部件、整流罩(见图3-17),用到的工具主要有剪刀、美工刀和胶带。

首先取出两个塑料饮料瓶,将其内部清洗干净后晾干(见图3-18),用美工刀或剪刀去除瓶口的圆环和瓶身上的标签(见图3-19)。

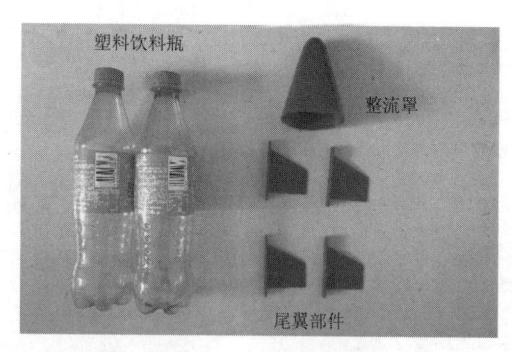

图 3-17 水火箭材料

图 3-18 清洁塑料饮料瓶

图 3-19 去除圆环和标签

2. 制作箭体

取出其中一个塑料饮料瓶,仔细观察瓶底可以发现瓶底的加工线(见图 3-20),这里就是接下来要加工的部分。

首先用美工刀在加工线上切开一条合适长度的口子(见图 3-21),然后用剪刀沿着加工线将瓶底剪开(见图 3-22)。使用剪刀可以减少毛刺,提高制作的成功率。

图 3-20 加工线

图 3-21 用美工刀切口

将去掉瓶底的瓶子与另一个完整的瓶子对接(见图 3-23),增加箭体的长度，提高水火箭的稳定性。

图 3-22　用剪刀去除瓶底　　　　图 3-23　对接两个瓶身

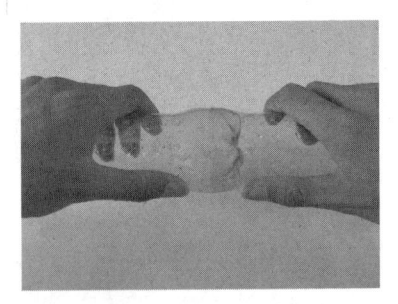

取出胶带，粘接两瓶身交接的部位（见图 3-24）。首先沿着交接部位缠绕一圈，接着顺势向上粘接，宽度为 1～2cm（见图 3-25）。然后再向下粘接 1～2cm，使两侧对称，这样受力更均匀。

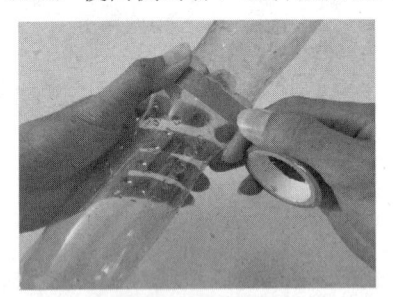

图 3-24　粘接接口　　　　图 3-25　延伸

3. 粘接尾翼

水火箭尾翼及头部的整流罩在网上都有成品，可以直接购买。取出 4 片尾翼和 3M 胶带（见图 3-26）。

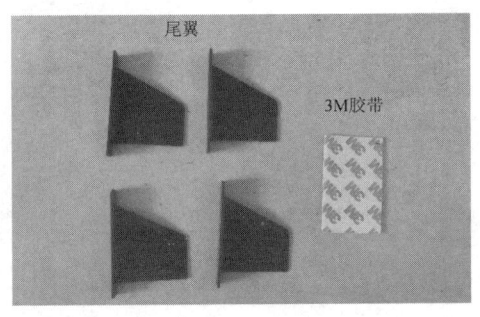

图 3-26　水火箭尾翼

尾翼要粘贴的位置是水火箭的储能舱,所以一定要分清水火箭箭体的正反。4片尾翼上都自带双面胶,揭下双面胶后,沿着瓶身上平行于轴线的加工线粘贴尾翼(见图3-27)。随后粘贴另一侧尾翼,两侧尾翼对称分布,将瓶身分为左右两个部分(见图3-28)。用同样的方法粘贴剩余的尾翼(见图3-29)。

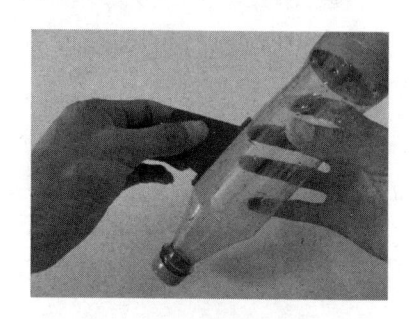

图3-27 粘贴尾翼(一)　　　　图3-28 粘贴尾翼(二)

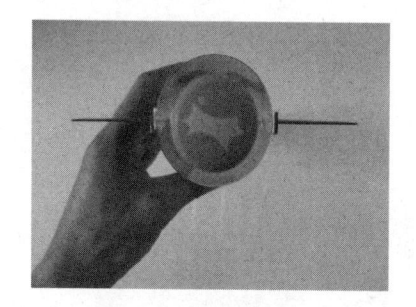

此时尾翼仅靠自身的双面胶粘接在瓶身上,水火箭发射时巨大的加速度会使其脱落,所以要想多次回收使用水火箭,还需要对火箭的尾翼进行加固。加固时,用胶带缠绕尾翼的两端,使尾翼紧紧固定在箭体上(见图3-30)。

图3-29 粘贴好的尾翼　　　　图3-30 加固尾翼

4. 粘接整流罩

为了降低水火箭飞行的阻力,还需要在水火箭的头部安装一个整流罩,使气流平稳地流过箭体(见图3-30和图3-31)。

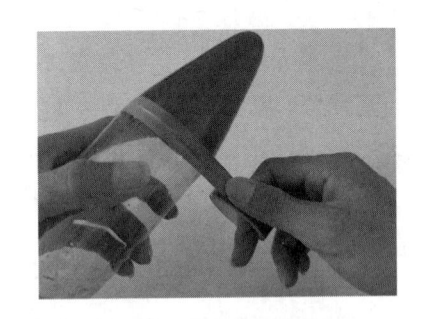

图 3-31 整流罩　　　　　图 3-32 粘接整流罩

5. 组装尾喷口和发射架

首先组装水火箭上的部件，在瓶口拧上尾喷口（见图 3-33）。这样既方便发射，又可以削减水的流量，增加水流的推力。

水火箭的发射架部分选用拉线式保险装置（见图 3-34），捏下手刹，水火箭就会发射。

组装好的水火箭如图 3-35 所示。

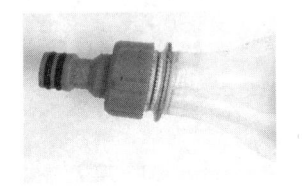

图 3-33 组装尾喷口

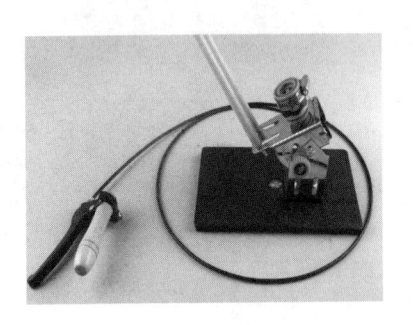

图 3-34 水火箭发射架保险装置　　　　　图 3-35 发射台上的水火箭

3.2.4 水火箭的试飞

1. 外形调整

（1）检查两瓶体连接是否平行，若不平行则应及时调整。

（2）检查水火箭头部整流罩粘接是否牢固。

（3）检查尾翼分布是否均匀。

2. 发射准备

（1）检查发射架与尾喷口的连接是否牢固（见图 3-36），可以事先在瓶内罐装少量的水，然后将火箭安装到发射架上，再进行试验性发射。

图 3-36　检查连接是否牢固

（2）检查储水仓部分的瓶身是否完好，排除充气时爆炸的隐患。

3. 发射

在瓶内罐装适量的水，大约为瓶体容积的三分之一。水量不要过多，否则会影响火箭的发射效果；拧上尾喷口后将发射架安装到尾喷口上，然后将火箭整体摆在平整的地面上；用打气筒向瓶内打气，观察压力表，当瓶内压强达到 8 标准大气压（1 标准大气压≈101kPa）时停止打气（见图 3-37）；拔掉保险装置，随时准备发射。

图 3-37　观察瓶内压强

3.3 巧手制作——伞降火箭

3.3.1 伞降火箭比赛规则

1. 技术要求

模型火箭为两级火箭，箭体使用 ABS 塑料和密度为 128g/m² 的铜版纸制作；一级模型火箭箭体直径为 18~20mm、箭体筒段长为 50mm；二级模型火箭箭体直径为 18~20mm、箭体筒段长为 250mm。

发动机型号为 A-A 组合。允许对降落伞的材料进行更换或重新加工，但必须现场制作，改进后的降落伞最大直径不限。

2. 制作时间

中学组为 50min、小学组为 60min。

3. 其他

其他规则见"总则"和"竞时项目通则"。

3.3.2 中国的第一枚导弹——东风一号

1960 年 11 月 5 日，一枚"东风一号"导弹屹立在中国西北的大地上，等待着冲破云霄（见图 3-38）。

随着一声"发射"指令，耀眼的光芒伴着轰鸣声，那光芒照得人睁不开眼，那热浪掀起万丈尘烟。科研人员焦急地等待着，终于，靶场那边传来消息，导弹成功命中目标！在场人员集体欢呼，庆祝这一伟大的历史时刻。从此，我国填补了短程导弹领域的空白。

2019 年，在国庆阅兵仪式上，我国新型洲际弹道导弹"东风-41"首次亮相，它的射程达 14000km，最多可以携带 10 枚核弹头（见图 3-39）。

图 3-38 "东风一号"导弹　　　图 3-39 "东风-41"洲际弹道导弹

3.3.3 "东风一号"模型火箭的制作

下面我们制作的模型火箭是按照"东风一号"导弹的外形以 75∶1 的比例制作的（见图 3-40），它的飞行高度可以达到 100m，同时箭体内还配备降落伞，方便回收使用。

图 3-40 "东风一号"模型火箭

1. 准备工作

取出制作"东风一号"模型火箭所需的材料，包括说明书、配件包 1 和配件包 2、箭筒、整流罩、尾段、降落伞（见图 3-41）。制作时用到的工具包括剪刀、美工刀、胶带、502 胶和花泥等。

2. 制作头锥

取出整流罩及配件包 2 中的配件（见图 3-42）。

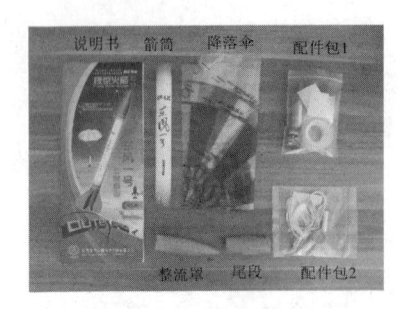

图 3-41　准备材料　　　　　图 3-42　制作头锥材料

将两个部件组合起来，中间留出一点缝隙，方便滴加 502 胶（见图 3-43），接下来需要在 502 胶凝固之前迅速将两个部件完全组合起来（见图 3-44）。

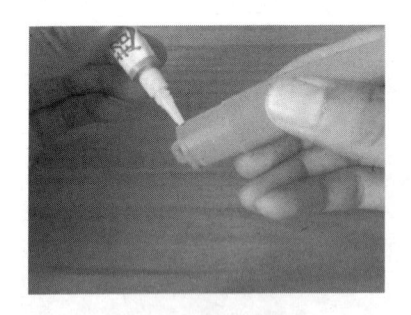

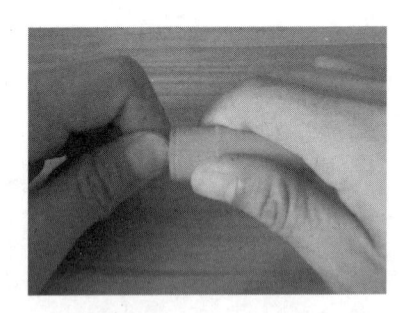

图 3-43　滴加 502 胶　　　　图 3-44　迅速组合两个部件

3. 制作箭尾

取出"东风一号"模型火箭的尾段及箭筒。箭筒的材质为铜版纸，能较好地吸收 502 胶，可以直接将尾段完全插入箭筒中，并在四周均匀地滴加 502 胶（见图 3-45）。

接下来安装"东风一号"模型火箭的 4 片尾翼。仔细观察"东风一号"模型火箭的尾段就会发现此处有 4 个燕尾槽（见图 3-46），利用燕尾槽可以将尾翼固定在箭体上。

第 3 章 火箭类

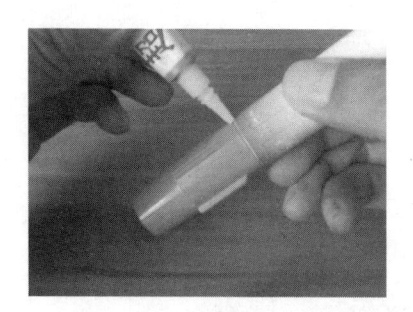

图 3-45 粘接尾段　　　　图 3-46 燕尾槽

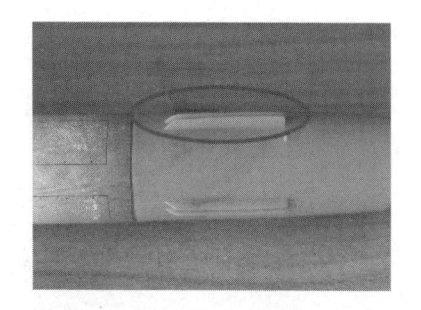

将尾翼插入燕尾槽中（见图 3-47），尾翼安装完成之后滴加 502 胶固定（见图 3-48）。

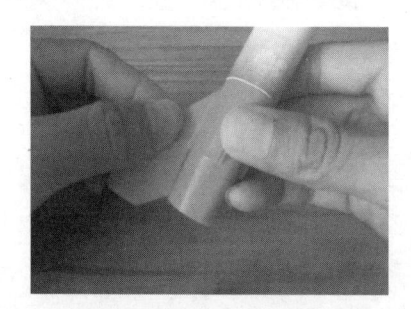

图 3-47 安装尾翼　　　　图 3-48 滴加 502 胶固定

4. 安装发动机固定装置及发射导管

取出配件包 2 中的一根金属丝（见图 3-49），将其掰直后插入距离箭筒底部 1cm 左右的位置（见图 3-50），使金属丝底部距火箭底部约 0.5cm。金属丝与火箭之间用胶带固定。

图 3-49 固定发动机的金属丝　　　　图 3-50 掰直金属丝后安装

取出发射导管，在距火箭底部 7cm 左右的位置用胶带将其固定在箭体上（见图 3-51）。发射导管的作用是将"东风一号"模型火箭固定在发射支架上，安装时需要将发射导管置于两个尾翼之间，并且发射导管要与箭体平行，只有这样"东风一号"模型火箭才能垂直地发射升空。

图 3-51　安装发射导管

5. 连接头锥及箭体

"东风一号"模型火箭升空后再次回收要依靠降落伞，此时需要将头锥抛弃以使降落伞能够顺利弹出并开伞。为了保证"东风一号"模型火箭可重复使用，头锥也需要一并回收。提前将头锥用一根绳子与箭体相连，这样整个"东风一号"模型火箭就能被全部回收了。

取出配件包 2 中的弹性橡皮绳，将其一端连接在头锥上（见图 3-52），将另一端用胶带固定在箭体尾部（见图 3-53）。

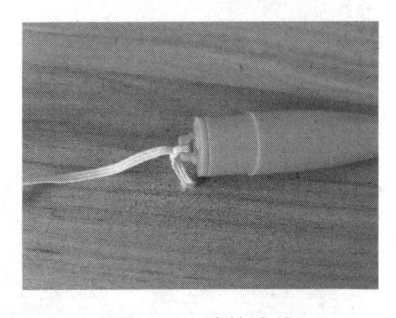

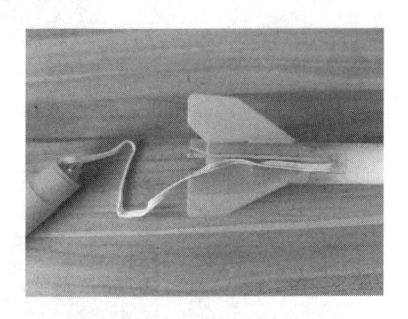

图 3-52　连接头锥　　　　　图 3-53　连接箭体尾部

将箭体底部的橡皮绳向上对折之后再次用胶带粘接（见图 3-54），目的是使橡皮绳更加牢固。

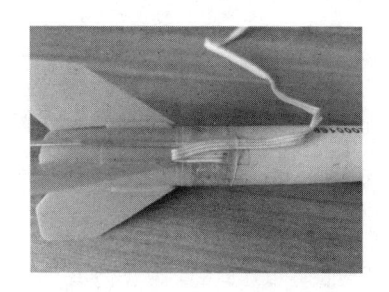

图 3-54 加固连接部位

6. 填充花泥

"东风一号"模型火箭的降落伞是通过发动机的尾火弹出的,填充花泥可以保证箭体内部的气密性,获得良好的效果,同时防止火药燃烧时的高温烧坏塑料材质的降落伞。配件包 2 中有附赠的花泥(见图 3-55);花泥四周涂抹配套的滑石粉(见图 3-56)。滑石粉的作用是提供良好的润滑,使花泥能够从箭体中顺利弹出。

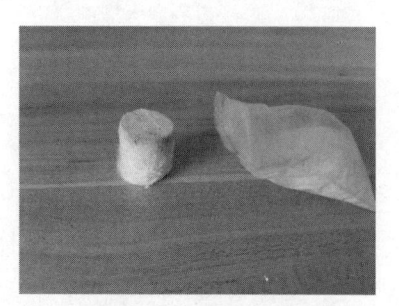

图 3-55 花泥　　　　　　　图 3-56 涂抹滑石粉

将花泥塞入箭体(见图 3-57),塞入的位置不宜过深。可以先塞入一点,再根据降落伞的长度适当调整,同时检查花泥是否起到良好的润滑效果。

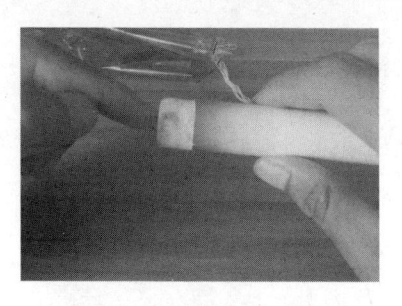

图 3-57 将花泥塞入箭体

7. 制作降落伞

如果有过制作玩具降落伞的经历，这个步骤就会简单不少。取出降落伞伞布及伞绳（见图3-58），其中，伞布只是半成品，还需要进行处理，处理好的伞布呈六边形（见图3-59）。

伞布的每个角都有圆形的标记，方便固定伞绳（见图3-60）。将伞绳打一个结，注意不要完全系紧，然后用圆形的胶带粘在伞布上（见图3-61）。

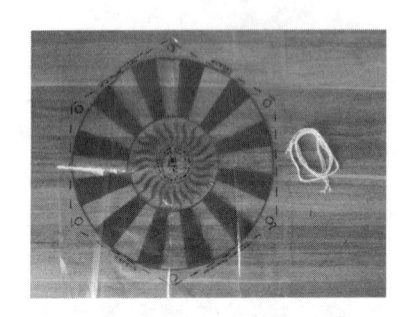

图3-58　伞布及伞绳　　　　　图3-59　处理好的伞布

图3-60　伞布上的标记　　　　图3-61　固定伞绳

一根伞绳的两端可以分别固定在伞布的两个角上（见图3-62）。三根伞绳正好对应伞布的6个角，按照同样的步骤将伞绳固定在伞布上（见图3-63）。

整理伞绳，找出伞绳的中点之后打结（见图3-64），以免降落时伞绳长度不均匀，然后将打结处与头锥部位的橡皮绳相连（见图3-65）。

第 3 章　火箭类

图 3-62　固定一根伞绳

图 3-63　固定三根伞绳

图 3-64　在伞绳的中点打结

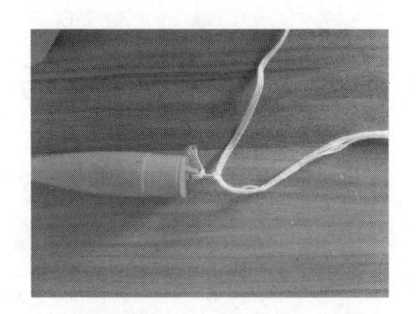

图 3-65　连接伞绳与橡皮绳

8. 折叠降落伞

要想降落伞能够顺利地打开，有技巧的折叠方法及细心的执行缺一不可。如图 3-66～图 3-73 所示为折叠降落伞的详细步骤。

图 3-66　沿对称位置进行一次对折

图 3-67　沿对称位置进行二次对折

图 3-68　折叠上部　　　　　　　图 3-69　折叠下部

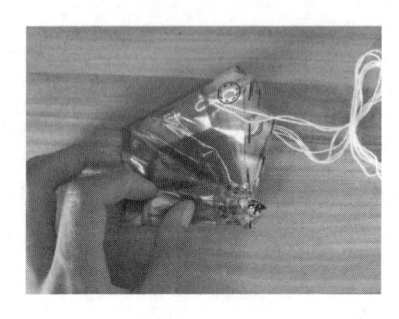

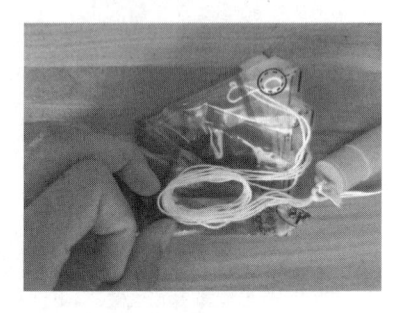

图 3-70　水平对折　　　　　　　图 3-71　将伞绳整理好放进伞布中

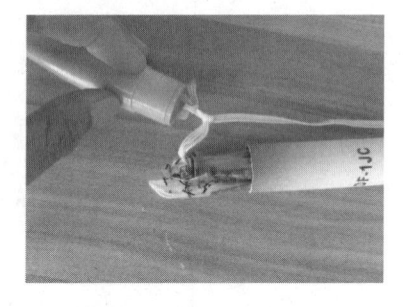

图 3-72　用伞布包裹伞绳　　　　图 3-73　将降落伞塞入箭体

整理好降落伞、伞绳及橡皮绳，然后将头锥插入箭体中（见图 3-74）。

图 3-74　将头锥插入箭体

9. 安装模型火箭发动机

发动机是火箭的心脏，是火箭的动力来源，这里使用的模型火箭发动机为 A6-3 固体燃料模型火箭发动机（见图 3-75）。由于安装过程具有一定的危险性，因此一定要在老师或家长的陪同下进行。

将模型火箭发动机塞入火箭尾部，用前面安装的金属丝固定（见图 3-76）。将点火头塞入模型火箭发动机的喷口，并用一节木棒固定（见图 3-77）。

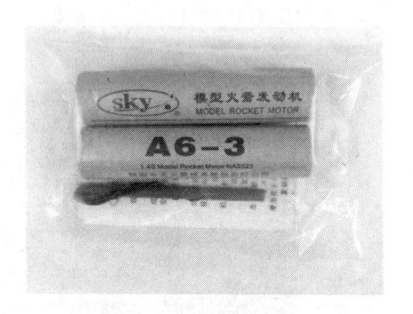

图 3-75　火箭发动机　　　　图 3-76　安装发动机

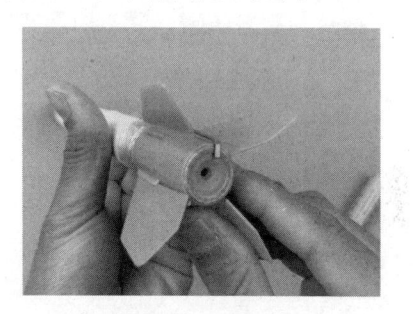

制作好的"东风一号"模型火箭如图 3-78 所示。

图 3-77　安装点火头　　　　图 3-78　成果展示

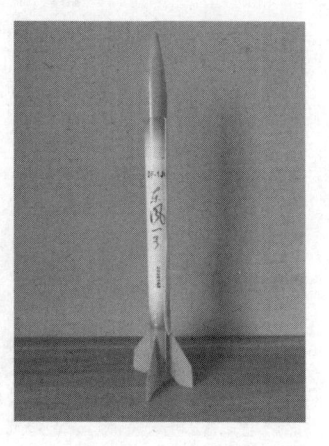

3.3.4　"东风一号"模型火箭的试飞

选择开阔无风的场地，水泥地面是一个不错的选择，同时注意四周不要有高压线、大树等可能会影响发射的物体。

"东风一号"模型火箭的发射架如图 3-79 所示,发射角度应控制在 30°之内,尽量选择垂直发射,这样可以将火箭控制在最小的落地范围内。

将"东风一号"模型火箭置于发射架上(见图 3-80),在火箭的发射导管上涂抹润滑油,以降低火箭发射出轨时的摩擦力。

取出点火遥控器(见图 3-81),点火遥控器有双重保险装置,只有当钥匙插进锁孔且指示灯常亮时才可以发射。取下钥匙,用红黑两个鳄鱼夹夹紧点火头(见图 3-82),可忽略正负极。

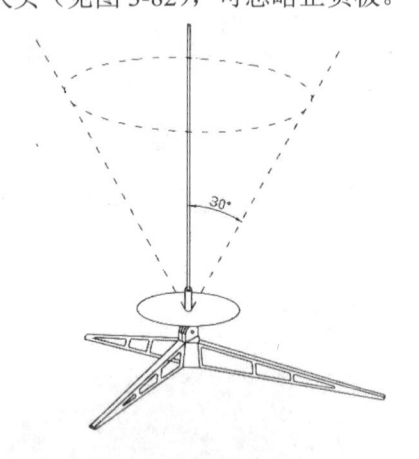

图 3-79　发射角度的选择

图 3-80　发射准备

图 3-81　点火遥控器

图 3-82　用鳄鱼夹夹紧点火头

清空"东风一号"模型火箭周围半径 10m 内的人员,解开多余的控制线,插上钥匙,倒计时 3s 发射!"东风一号"模型火箭就可以一飞冲天了(见图 3-83),如图 3-84 所示为降落伞开伞。

图 3-83　火箭发射　　　　　　　图 3-84　降落伞开伞

3.3.5 "东风一号"模型火箭安全准则

（1）"东风一号"模型火箭头部应使用纸张、塑料、橡胶等具有缓冲作用的材料，禁止使用金属物体作为"东风一号"模型火箭的头部。

（2）"东风一号"模型火箭发动机必须使用国家规定的专用模型火箭发动机，禁止对模型火箭发动机内部的火药分量、成分等进行改动。

（3）"东风一号"模型火箭必须配备降落伞或减速飘带，以保障周围人员的人身安全。

（4）"东风一号"模型火箭起飞重量应严格控制在允许范围之内，模型火箭发动机型号也应使用厂家推荐的型号。

（5）"东风一号"模型火箭禁止携带其他不相关物品，尤其是具有燃烧、爆炸性质的物品，同时禁止携带活物。

（6）"东风一号"模型火箭的发射区域必须在户外空旷的场地，尽量避免有干草的草地、周围有高大树木的林地及高压线。

（7）"东风一号"模型火箭的发射必须在发射架上进行，防止模型火箭发动机的尾焰点燃周围物品。发射架必须具备刚性导轨，发射架顶部有安全装置，发射前应将安全装置取下，发射完成后及时归位，避免丢失。

（8）使用正规厂家生产的点火装置，包括线操纵、无线操纵点火装置，点火之前应检查保险装置。

（9）"东风一号"模型火箭发射时，应大声发出倒计时口令，或者用哨声表示，以保证在场人员能够及时撤离，以及提醒周围人员不要靠近。

（10）"东风一号"模型火箭发射时，应注意当时的天气状况，遇到大风、降雨等恶劣天气时应及时停止发射，撤回安全区域。

（11）"东风一号"模型火箭发射前，相关人员应进行紧急情况的处理演练，以保证在遇到紧急情况时能够冷静处理。

（12）为了保证"东风一号"模型火箭能够及时回收，"东风一号"模型火箭的发射角度应尽量垂直。若"东风一号"模型火箭降落在车流量较大的道路或者挂到高大的树木上，则应停止回收火箭。

3.4 创意无限——火箭助推滑翔机

3.4.1 火箭助推滑翔机比赛规则

1. 技术要求

模型火箭箭体材质为密度为 128g/m^2 的铜版纸、ABS 塑料，箭体直径为 18～20mm、箭体筒段长为 250mm；模型滑翔机主体材质为桐木，翼展为 350～360mm、机身长为 450～500mm（含塑料机头），发动机型号为 A6-3 固体燃料模型火箭发动机。

2. 制作时间

制作时间为 50min，含调试时间。

3. 其他

其他规则见"总则"。

3.4.2 火箭助推起飞的应用

作为人类实现飞天梦的载体，飞机的诞生距今也不过百余年历史，从最初的螺旋桨飞机发展到现在的喷气式隐身战斗机，这期间有过无数奇思妙想的设计，无数先辈也因此将自己的生命奉献给了航空事业。

第 3 章　火箭类

　　说到奇思妙想的设计，当火箭与飞机相结合，会产生什么意想不到的效果呢？在第二次世界大战中，各个国家都在苦思如何提高作战效率。为了降低飞机对长跑道的依赖，德国研制出了第一架垂直火箭助推起飞的飞机——Ba-349 型截击机（见图 3-85），但是这种垂直起飞的截击机，最后以试飞员的死亡而宣告失败。

　　为了提高试验的成功率，人们想到了用现成的飞机进行短距离起飞试验。1955 年，美国利用 F-84E 战斗机进行零距离起飞试验并获得成功（见图 3-86）。该战斗机起飞时可以脱离跑道，直接用大推力助推火箭在山洞或发射架上起飞。

图 3-85　复原的 Ba-349 型截击机发射场景　　图 3-86　F-84E 战斗机利用助推火箭发射

　　在美国的帮助下，德国开始利用 F-104G 战斗机进行零距离起飞试验，尽管试验取得了多次成功，但是飞机使用的洛克达 RS-B 202 型助推火箭却产生了很多问题，最终使零距离起飞的计划破灭。在试验结束后，F-104G 战斗机及助推器以静态展示的方式存进了德国航空博物馆（见图 3-87）。

　　类似的飞机研究还有苏联的米格 19 改装版——SM-30 和米亚 M-50 超声速轰炸机（见图 3-88、图 3-89）。

　　随着技术的不断进步，这种方式在更先进的战斗机上被淘汰，但是现代航空利用火箭实现助推或减速的方式并不少见，如美国的大力神运输机依然使用火箭助推的方式实现短距离起飞或超载起飞（见图3-90）。

图3-87　F-104G 战斗机

图3-88　SM-30 火箭助推起飞

图3-89　米亚 M-50 超声速轰炸机

图3-90　大力神运输机

火箭助推作为一种飞机起飞方式在军队中也一直有应用，长期以来，火箭助推都是靶机的起飞方式（见图3-91）。

图3-91　靶机起飞

3.4.3 火箭助推滑翔机的制作

1. 准备工作

火箭助推滑翔机的制作分为两大部分：一是模型火箭的制作，所需材料包括箭体、整流罩、飘带等（见图 3-92）；二是模型滑翔机的制作，所需材料包括机翼、尾翼、机身、贴纸及塑料配件等（见图 3-93）。

2. 制作模型火箭

1）制作整流罩

取出整流罩及锥盖，将它们组合起来并滴加 502 胶（见图 3-94）。

2）连接整流罩及箭体

取出橡皮绳，将其一端固定在整流罩的小孔内（见图 3-95），另一端用胶带粘接到箭体上（见图 3-96）。为了粘接牢固，可以将橡皮绳反向粘接两次。

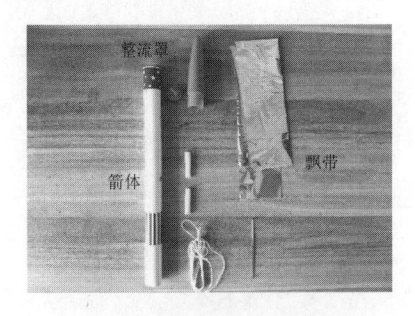

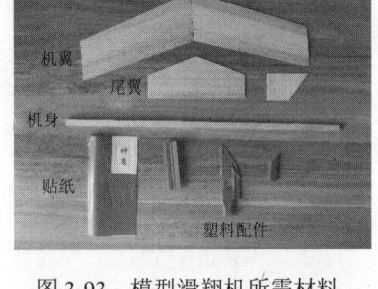

图 3-92 模型火箭所需材料　　图 3-93 模型滑翔机所需材料

图 3-94 制作整流罩　　图 3-95 连接整流罩

3）制作降落飘带

取出飘带和一根吸管（见图3-97），吸管的作用是方便后面穿降落绳。

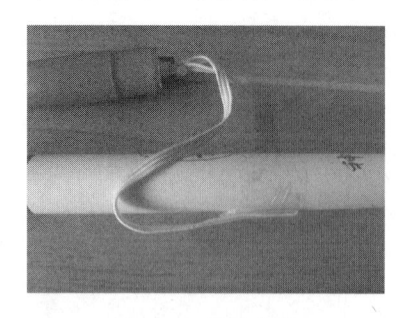

图3-96　连接箭体　　　　　　　　图3-97　降落伞材料

飘带上自带双面胶，揭下双面胶（见图3-98），用吸管从飘带的一端滚动，直至飘带将吸管裹紧（见图3-99）。

图3-98　揭下双面胶　　　　　　　图3-99　裹紧吸管

用棉线穿过吸管，一端连接降落飘带（见图3-100），另一端连接橡皮绳（见图3-101）。

图3-100　连接降落飘带　　　　　图3-101　连接橡皮绳

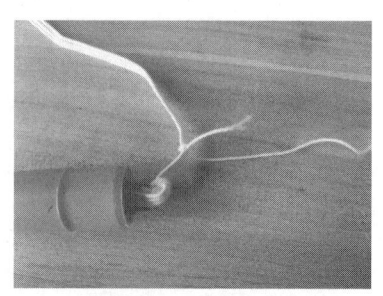

取出花泥，用滑石粉或爽肤粉涂抹花泥四周（见图3-102），降低花泥与箭体之间的摩擦力，方便火箭发动机尾火能将箭体弹出。

用机身将花泥推入箭体中，推入的深度如图3-103所示。

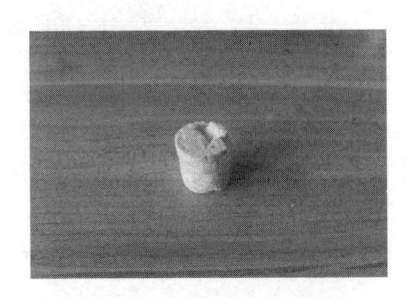

图3-102 在花泥四周涂抹滑石粉　　图3-103 将花泥推入箭体

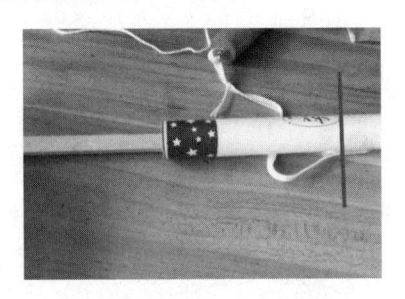

接下来折叠降落飘带，折叠的方式决定了火箭升空后降落飘带是否能够顺利展开，按照首尾相接、对称折叠的方式折叠降落飘带（见图3-104、图3-105）。

图3-104 对称折叠　　图3-105 折叠完毕

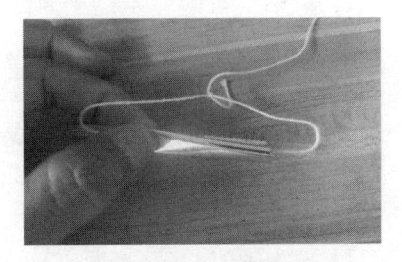

将折叠好的降落飘带塞入箭体中（见图3-106）。塞入箭体后降落飘带会稍微展开，此时降落飘带已经达到最好的展开预备阶段。

整理好橡皮绳和棉线，然后将整流罩和箭体进行组合（见图3-107）。

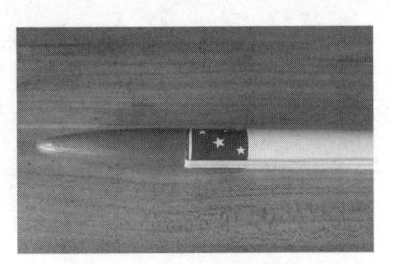

图3-106 放入降落飘带　　图3-107 合并整流罩与箭体

4）安装定位挂钩和模型滑翔机牵引装置

将模型火箭发动机的定位挂钩用胶带固定到箭体上，末端留出 8mm 左右的长度（见图 3-108）。

模型滑翔机牵引挂钩的安装位置要与定位挂钩保持 90°～180°的夹角，避免相互阻碍（见图 3-109）。

5）安装发射导管

第一根发射导管距离火箭底部大约 80mm，两根发射导管之间相距 30mm（见图 3-110）。从底部看，两根导管的中心线应能重合（见图 3-111）。

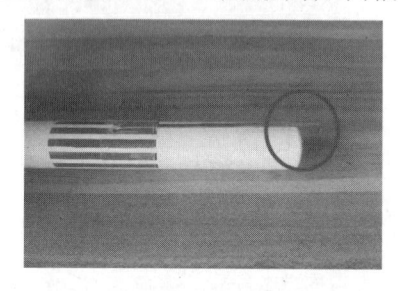

图 3-108　安装模型火箭发动机定位挂钩　　图 3-109　安装滑翔机模型牵引挂钩

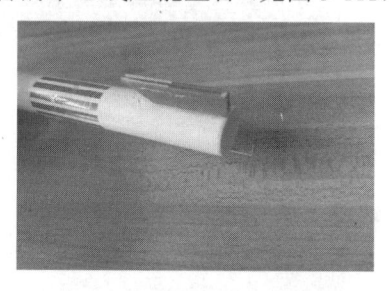

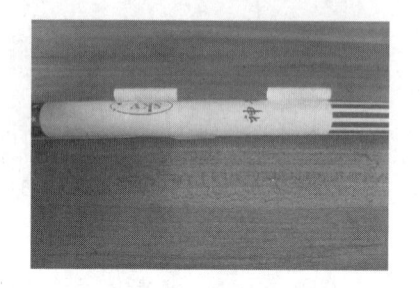

图 3-110　粘接发射导管　　图 3-111　两导管平行

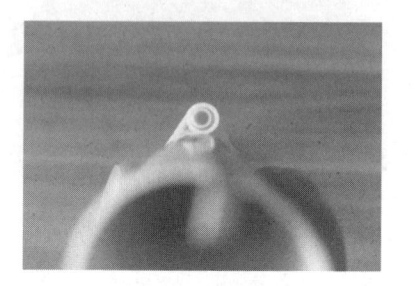

制作好的火箭如图 3-112 所示。

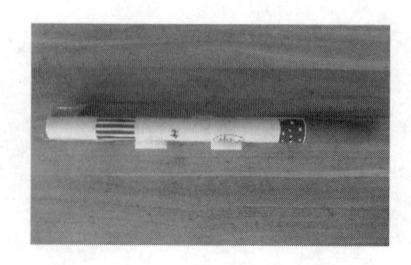

图 3-112　制作好的火箭

第3章 火箭类

3. 制作模型滑翔机

1）粘接机翼

取出机翼及机翼支座（见图 3-113）。

粘接机翼时注意机翼的正反（见图 3-114），机翼凸起的一面为正面，机翼与支座之间用 502 胶固定（见图 3-115）。机翼反面如图 3-116 所示。

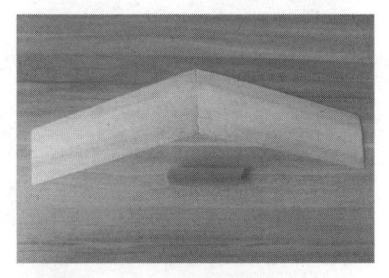

图 3-113　机翼及机翼支座

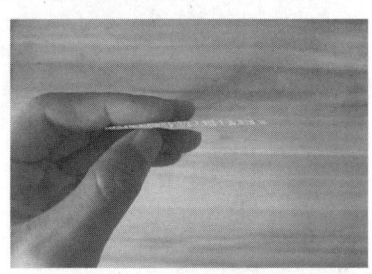

图 3-114　机翼截面

图 3-115　粘接机翼

图 3-116　机翼反面

2）粘接水平尾翼及垂直尾翼

将机身放置在水平尾翼的中线上，然后用 502 胶固定（见图 3-117、图 3-118）。

图 3-117　粘接水平尾翼

图 3-118　粘接垂直尾翼

3）安装机头

将机头插入机身中，注意机头的安装方向（见图 3-119）。

4）安装机翼

先选出一个大致位置，将机翼支座安装到机身中。随后调整支座的前后位置，轻轻抛出模型滑翔机，待到模型滑翔机能够平稳滑翔，此时的机翼位置是最合适的位置，然后用502胶固定（见图3-120）。

图3-119　机头安装方向　　　　图3-120　安装机翼

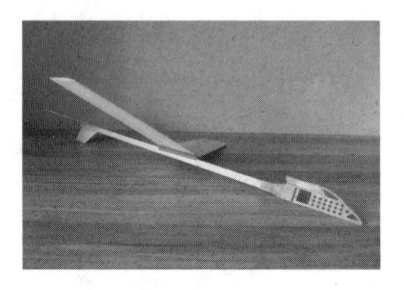

5）粘贴涂装

首先粘贴机翼（见图3-121、图3-122）。

图3-121　粘贴机翼涂装　　　　图3-122　粘贴机翼涂装

按照相同步骤粘贴尾翼涂装（见图3-123）。

制作好的模型滑翔机如图3-124所示。

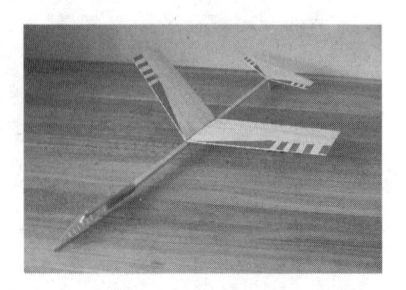

图3-123　粘贴尾翼涂装　　　　图3-124　制作好的模型滑翔机

3.4.4 火箭助推滑翔机的试飞

1. 外形调整

（1）检查模型火箭及模型滑翔机各个部位是否粘接牢固。

（2）检查模型滑翔机机头挂钩与模型火箭箭体的牵引装置是否能正常连接和分离（见图3-125）。

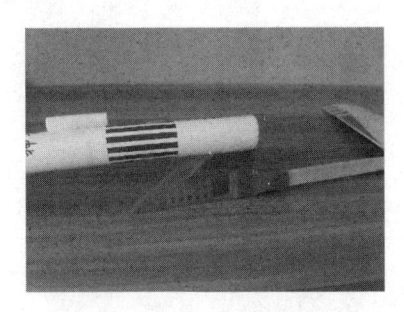

图 3-125 检查模型火箭与模型滑翔机的连接和分离

2. 发射准备

（1）安装模型火箭发动机。对于模型火箭发射来讲，只有在模型火箭准备发射阶段才允许安装发动机的点火头。为了安全起见，模型火箭发动机的安装也放在最后一步进行。将 A6-3 固体燃料模型火箭发动机插入箭体中，然后插入点火头，内部用棉纸团塞紧以防止点火头脱落（见图3-126）。

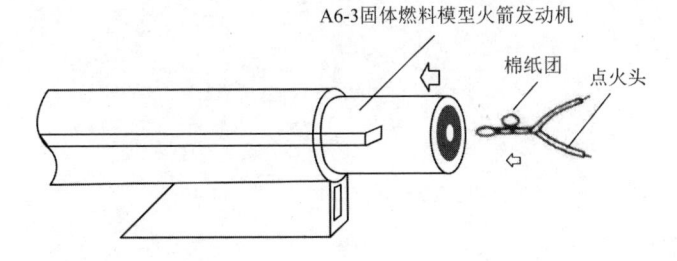

图 3-126 安装模型火箭发动机和点火头

（2）准备发射架。将模型火箭安放到发射架上，使模型滑翔机距底部发射圆盘大约 1cm，用铅笔在第二根发射导管处的发射杆上做好标记。取下模型火箭与模型滑翔机，在发射杆标记处缠绕适量胶带，使模型火箭与模型滑翔机能够悬挂在发射杆上（见图3-127）。

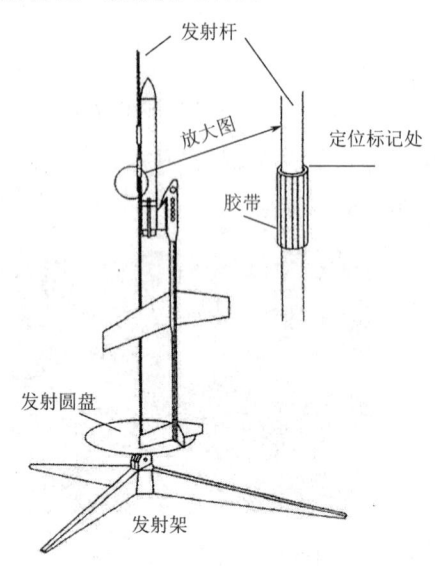

图 3-127　准备发射架

第 4 章

自由飞类

4.1 飞行奥秘——手掷飞机

4.1.1 手掷飞机直线竞距赛规则

1. 技术要求

参赛航空模型使用以手掷为动力的滑翔机。比赛期间航空模型需要操纵者动手完成组装调试，且航空模型主体材质为泡沫、塑料，翼展小于或等于265mm、机身长小于或等于400mm，最大飞行质量小于或等于30g，增加的配重物需安置在机身内部。

2. 制作时间

中学组为20min、小学组为25min，含调试时间。

3. 比赛时间

每轮比赛时间1min。

4. 比赛方法

（1）每轮比赛可单向飞行2次。航空模型出手即为正式飞行，飞出去的航空模型由操纵者本人捡取。

（2）测量航空模型机头最前端垂足距起飞线的垂直距离，精确到0.01m，每0.01m换算为0.01分。

5. 成绩评定

（1）每轮比赛以较远的一次飞行距离作为该轮成绩，距离远者名次列前。

（2）比赛进行两轮，以两轮成绩之和作为比赛成绩排定名次，得分高者名次列前。如名次相同，则以最好一轮的成绩排定名次；如再相同，则并列。

6. 判罚

放飞时踩线或跨线、着陆时航空模型机头在边线或其延长线之外成绩无效。

7. 比赛场地

手掷飞机直线竞距赛场地为边线长 30m（可以延长）、端线宽 15m 的矩形，比赛场地示意图如图 4-1 所示。

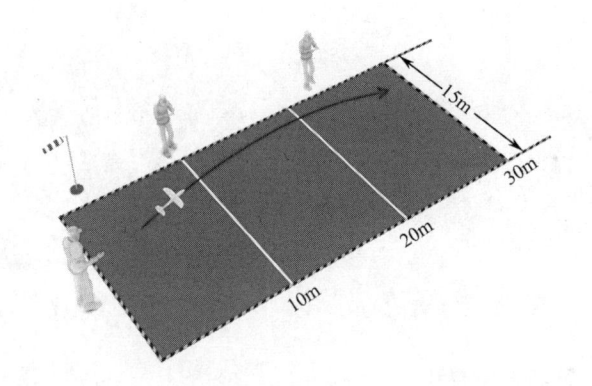

图 4-1　手掷飞机直线竞距赛场地示意图

4.1.2　手掷飞机的制作

航空模型曾经只有专业人士才能操纵，但随着人们对航空模型运动兴趣的提高，一些航空模型变得越来越容易操纵。今天我们来制作一架在普通商店都能买到并且经常被视为"玩具"的航空模型——手掷飞机（见图 4-2）。

手掷飞机由耐摔泡沫制成，包括机身、机翼和尾翼（见图 4-3）。

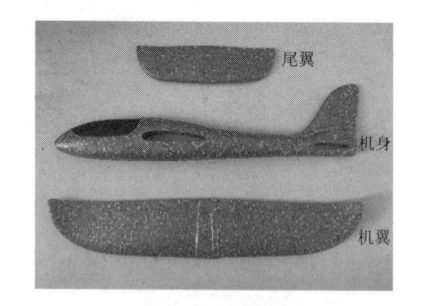

图 4-2　手掷飞机　　　　　　　　图 4-3　待组装的材料

1. 修整毛刺

手掷飞机的结构简单，不需要额外的胶水就能固定，既能节省时间，又能减轻手掷飞机的重量。但是手掷飞机是通过模具发泡成型的，有些地方存在多余的毛刺（见图 4-4）。如果不去除这些毛刺，机翼和尾翼会很难插入，所以需要用美工刀进行修整（见图 4-5）。

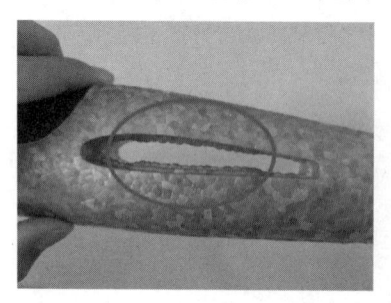

图 4-4　机翼对接位置处的毛刺　　　　图 4-5　用美工刀修整毛刺

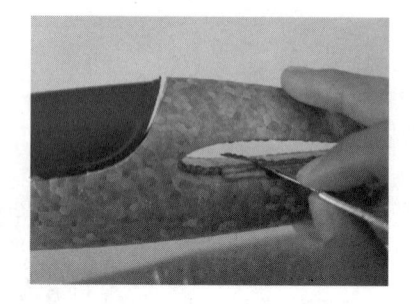

2. 将机翼插入机身中

机翼中部有凹槽，将机翼安装到正确位置后会感觉到明显的阻力，此时需调整机翼，使其左右对称（见图 4-6）。

3. 安装尾翼

如图 4-7 所示，机身后部有两处安装尾翼的地方。应该将尾翼安装到哪个位置？安装到其他位置会对飞行产生什么影响？下面我们一起来探究这些问题。

第 4 章　自由飞类 | 121

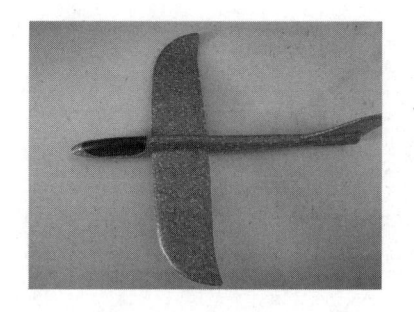

图 4-6　组装机翼　　　　　　　图 4-7　尾翼的两处安装位置

经过实际试飞得知,当尾翼使用如图 4-8 所示的第一种安装方式时,手掷飞机会平飞,而且会滑翔很长一段距离才停下(见图 4-9)。

图 4-8　尾翼的第一种安装方式

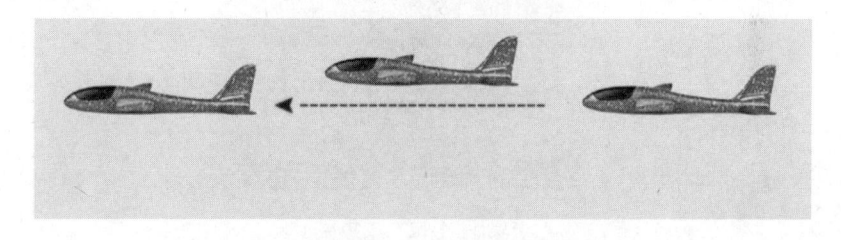

图 4-9　尾翼的第一种安装方式飞行效果图

当使用如图 4-10 所示的第二种安装方式时,手掷飞机抛出后会快速向上翻滚,最后的飞行轨迹近似圆形(见图 4-11)。我们的目的是使手掷飞机飞行得更远,所以尾翼的第二种安装方式更适合玩耍的时候使用,在比赛时还是要使用第一种安装方式。

图 4-10　尾翼的第二种安装方式

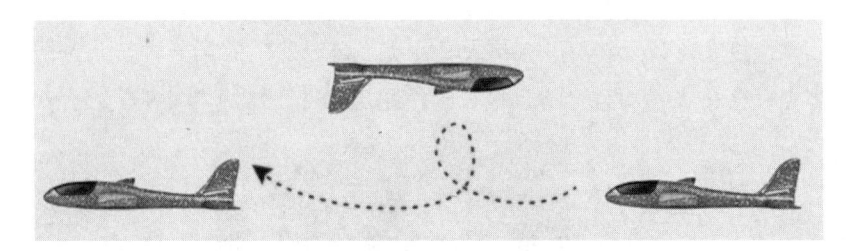

图 4-11　尾翼的第二种安装方式飞行效果图

按照第一种尾翼安装方式将手掷飞机组装好，如图 4-12 所示。

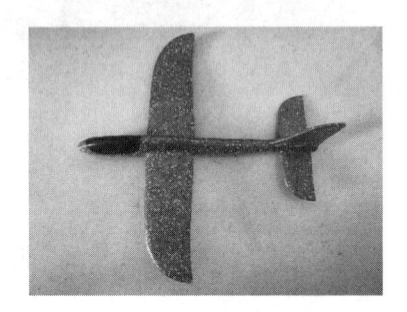

图 4-12　成果展示

4.1.3　手掷飞机的试飞

1. 外形调整

观察手掷飞机的机翼和尾翼，使它们与机身垂直，并使手掷飞机左右两侧保持平衡。

2. 飞行调整

选择一片开阔的场地，轻轻地抛出手掷飞机。如果手掷飞机起飞后头部下沉，则需要将尾翼整体向上掰，做轻微调整（见图 4-13）；如果起飞后手掷飞机一直抬头，然后俯冲，轨迹呈波浪形，则需要将尾翼向下掰（见图 4-14）。

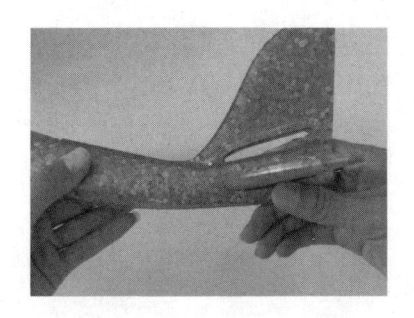

图 4-13　手掷飞机低头的处理 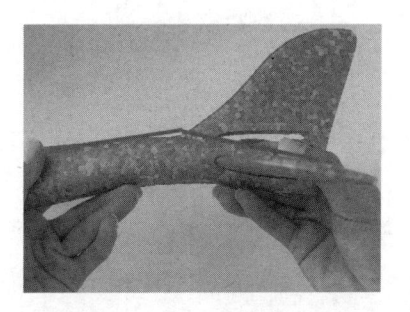　　图 4-14　手掷飞机抬头的处理

3. 起飞

手掷飞机的手持部位在机翼的正下方（见图 4-15）；为了使手掷飞机飞得更远，抛飞时可以让机头朝向地面，然后斜向下抛飞。这样手掷飞机的势能转化为动能，又由于机翼的升力作用，因此手掷飞机模型的高度会不断升高，这样来回往复，手掷飞机就可以飞出最远的距离。

图 4-15　手持部位示意图

4.2 空中雷霆——回旋飞机

4.2.1 趣味飞机竞技赛规则

1. 技术要求

参赛航空模型使用以手掷为动力的回旋飞机。比赛期间航空模型需要操纵者动手完成组装调试，且航空模型主体的材质为泡沫、塑料，翼展小于或等于 250mm、机身长小于或等于 300mm，最大飞行质量小于或等于 30g，增加的配重物需安置在机身内部。

2. 制作时间

中学组为 5min、小学组为 10min，含调试时间。

3. 比赛时间

每轮比赛时间 2min，选手点名进场即开始计时。

4. 比赛方法

（1）选手需在规定的时间内完成两个方向的筋斗和侧筋斗。
（2）在比赛时间内，航空模型起飞和降落次数不限。

5. 成绩评定

（1）每轮比赛需完成全部动作，用时短者名次列前。
（2）比赛进行两轮，以两轮时间之和作为比赛成绩排定名次，用时短者名次列前。如名次相同，则以第一轮成绩排定名次；如再相同，则并列。

6. 比赛场地

趣味飞机竞技赛场地为边线长 20m、宽 10m 的矩形，比赛场地示意图如图 4-16 所示。

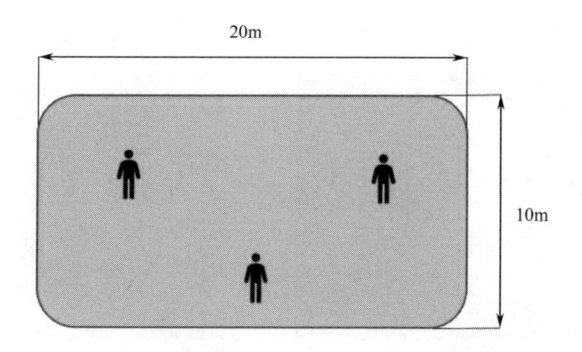

图 4-16　趣味飞机竞技赛场地示意图

4.2.2　幸运鸟回旋飞机的制作

为了使更多人能参与到航空模型运动中来，中国航空运动协会特意设立了一些适合低年级学生的比赛，如趣味飞机竞技赛。准备好相关部件，包括机身、机翼、配重块和机身贴纸（见图 4-17），就可以开始制作有趣的幸运鸟回旋飞机了。

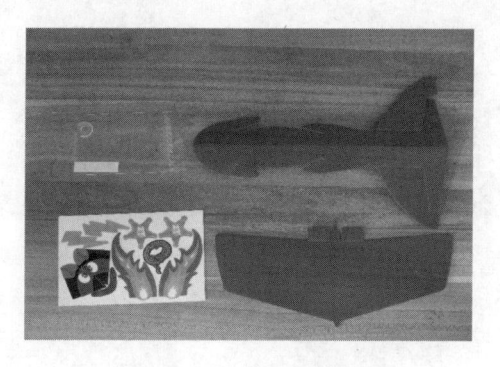

图 4-17　回旋飞机部件

1. 安装头部配重

回旋飞机的材料为覆膜的魔术板，重量非常轻，要想让回旋飞机飞得又快又流畅就得在机头增加配重。

取出配重块，将配重块两面都粘上双面胶（见图 4-18）；回旋飞机的机头部位有配重块定位槽。将配重块放入定位槽中，然后收紧机身两侧的板材。

配重块安装好后机身变得修长，可以减少飞行阻力（见图4-19）。

图4-18　在配重块的两面粘上双面胶

图4-19　粘接配重块

2. 组装机翼

取出机翼，可以发现在机翼的后缘有两处V形槽（见图4-20）。将两处槽口分别插入机身两侧，可以很好地固定机翼（见图4-21）。

将机身前端的两处卡口向两侧掰开，并将机翼前缘向机身一侧按压（见图4-22）；将卡口回中，这样机翼前缘就牢牢地固定在了机身上（见图4-23）。

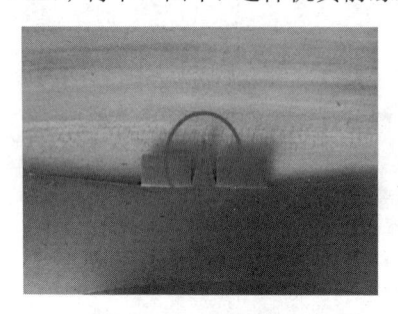

图4-20　V形槽

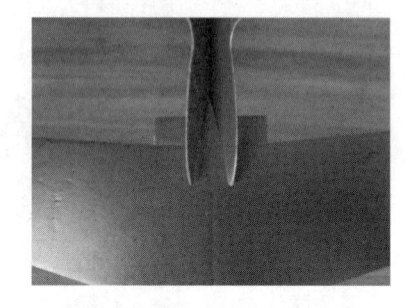

图4-21　将机翼插入机身

图4-22　掰开卡口

图4-23　固定机翼前缘

接下来将机翼两侧的突出部分向下折出一定角度（见图 4-24）。此处的突起部件可以起到襟翼的作用，增加机翼的升力。

图 4-24　襟翼部分

3. 整理尾翼

将机身后部的水平尾翼向下折叠（见图 4-25）。在此处需要多用点力，让折痕处产生永久形变。

4. 粘贴贴纸

首先粘贴回旋飞机头部贴纸。贴纸上的图案是鸟的头部，非常生动（见图 4-26）。

图 4-25　折叠水平尾翼　　图 4-26　粘贴回旋飞机头部贴纸

然后粘贴机翼贴纸。取下两条火焰图案的贴纸贴到机翼上（见图 4-27）；再在机翼右侧贴一个回旋镖图案，象征着这是一架回旋飞机（见图 4-28）。

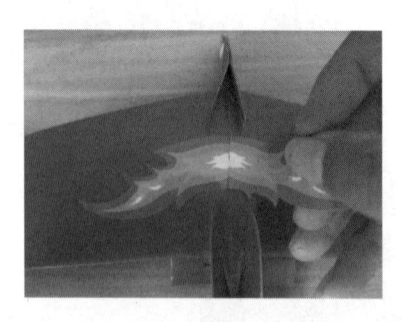

图 4-27　粘贴火焰图案　　　　图 4-28　回旋镖图案

最后在水平尾翼和垂直尾翼上粘贴相应的图案（见图 4-29 和图 4-30）。

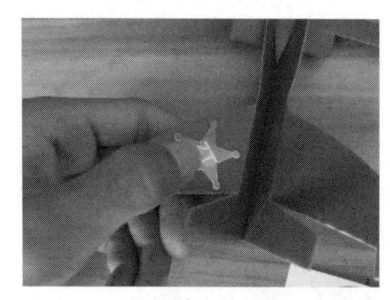

图 4-29　粘贴水平尾翼贴纸　　图 4-30　粘贴垂直尾翼贴纸

制作好的回旋飞机如图 4-31 所示。

图 4-31　成果展示

4.2.3　幸运鸟回旋飞机的试飞

1. 外形调整

（1）轻轻挤压机翼上部，使机翼紧贴机身，这样机翼截面会有一定的弧度,可以增加回旋飞机的升力(见图4-32)。

(2)调整水平尾翼的角度,使之左右对称,以免飞行时偏离航线(见图4-33)。

图 4-32 优秀的机翼弧度　　图 4-33 水平尾翼左右对称

2. 飞行调整

要想让回旋飞机完成半径较小的回旋动作,必不可少的一项操作就是调整升降舵的角度。将水平尾翼上的升降舵向上折叠一定角度(见图4-34),回旋飞机就可以轻松飞出一个近似圆形的轨迹。

图 4-34 调整升降舵角度

4.3 电动飞侠——电动自由飞

4.3.1 微型双翼飞机竞距赛规则

1. 技术要求

参赛航空模型使用以可充电电池为动力的微型双翼飞机。比赛期间航空模型需要操纵者动手完成组装调试,且航空模型主体的材质为泡沫、塑料,翼展小于或等于 200mm、机身长小于或等于 250mm，最大飞行质量小于或等于 30g，增加的配重物需安置在机身内部。

2. 制作时间

中学组为 20min、小学组为 30min，含调试时间。

3. 比赛时间

每轮比赛时间 2min，选手点名进场即开始计时。

4. 比赛方法

（1）每轮比赛可单向飞行 2 次。飞出去的航空模型由本人捡取。

（2）测量航空模型机头最前端垂足与起飞线的垂直距离，精确到 0.01m，每 0.01m 换算为 0.01 分。

5. 成绩评定

（1）每轮比赛以较远的一次飞行距离作为该轮成绩，距离远者名次列前。

（2）比赛进行两轮，以两轮成绩之和作为比赛成绩排定名次，得分高者名次列前。如名次相同，则以最好的一轮成绩排定名次；如再相同，则并列。

6. 比赛场地

微型双翼飞机竞距赛场地为边线长 30m（可以延长）、端线宽 15m 的矩形，比赛场地示意图如图 4-35 所示。

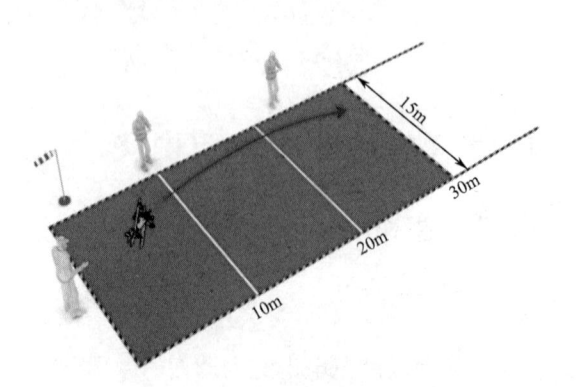

图 4-35 微型双翼飞机竞距赛场地示意图

4.3.2 双翼飞机的历史

1903 年 12 月 17 日,美国著名发明家莱特兄弟成功试飞了一架结构单薄、样子奇特的双翼飞机——"飞行者一号"(见图 4-36)。这架飞机在当天进行了 4 次试飞,其中效果最好的一次飞行持续了 59s,飞行了大约 260m。这是人类历史上第一架能够自由飞行,并且完全可以人为操纵的动力飞机。这一天就成了飞机诞生之日。

图 4-36 "飞行者一号"双翼飞机

在飞机发展初期,技术较为落后,各种新型材料及先进工艺发展缓慢,发动机功率低、重量重,建造机体的材料大多是木材和蒙布。

随着飞机重量的增加,飞机的速度受到了很大影响。为了在低速度条件下产生足够的升力,双翼飞机成为当时主流的机型。现在在飞机博物馆可以发现各种各样的双翼飞机。

随着技术的进步及高强度铝合金在飞机上的应用,飞机的速度不断提升。1947 年 10 月 15 日,美国空军上尉查尔斯驾驶贝尔公司研制的 X-1 飞机在 12800m 的上空完成了人类首次超音速飞行。双翼飞机机翼及其支柱巨大的面积会使飞行增加不少阻力,双翼飞机的发展堪忧,所以从 20 世纪 30 年代起,双翼飞机逐渐被铝合金制作的单翼飞机取代。

现在,双翼飞机更多地作为旅游观光的一部分(见图 4-37)。

图 4-37　用于旅游观光的双翼飞机

4.3.3　电动自由飞的制作

本节制作的电动自由飞采用空心杯动力，内接容量为 200mAh 的锂电池，可以实现简单的有动力飞行。电动自由飞由机身、机身侧板、动力装置、机翼、支柱、尾翼组成（见图 4-38）。

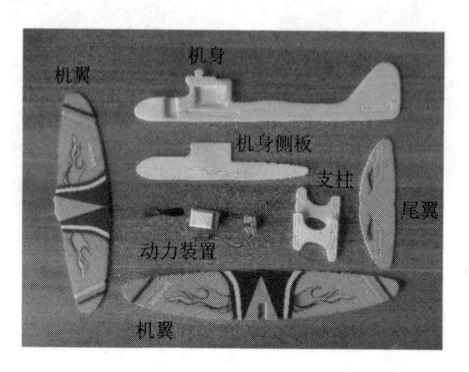

图 4-38　电动自由飞组成

1. 制作机身

取出航空模型的动力装置，动力装置由空心杯电机、简易的开关与充电装置、锂电池组成。将空心杯电机用一小截纤维胶带固定在航空模型的相应部位（见图 4-39）；然后将空心杯电机的电源线穿过航空模型内部并整理规整（见图 4-40）。

第 4 章 自由飞类 | 133

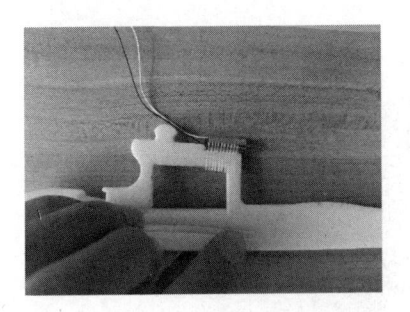

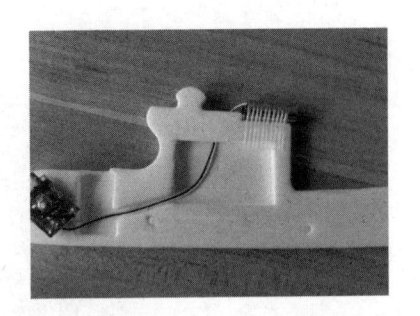

图 4-39 粘贴电机   图 4-40 整理电机的电源线

翻看机身，可以发现右侧机身上的电源标志，表示此处是航空模型开关的位置（见图 4-41）。

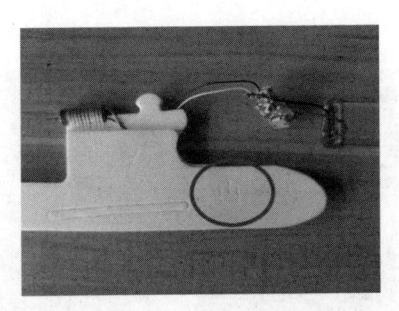

图 4-41 电源标志

观察动力装置上的电路板，图 4-42 中标记的白色按键就是开关；安装航空模型的开关和电池时应注意电源线的位置，安装时动作幅度要尽量小，以免弄断焊接部位的线（见图 4-43）。

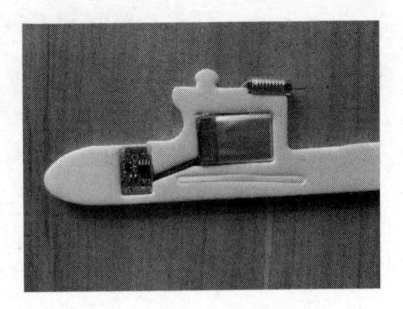

图 4-42 开关位置   图 4-43 安装动力装置

航空模型内部的电池通过外部充电口连接电源进行充电，制作时需注意不要堵住充电口（见图 4-44）。

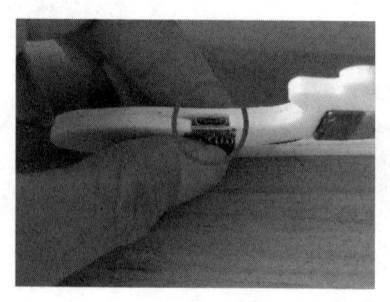

图 4-44　充电插口

取出机身侧板（见图 4-45）；揭下侧板上自带的双面胶，然后将侧板粘接到机身上，用以保护内部的动力装置（见图 4-46）。

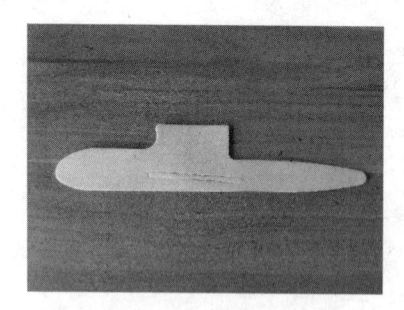

图 4-45　机身侧板　　　　图 4-46　将侧板粘接到机身上

2. 安装机翼

首先去除安装机翼部位的多余材料（见图 4-47）。

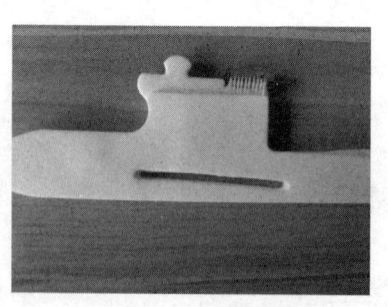

图 4-47　去除安装机翼部位的多余材料

取出上下两片机翼（见图 4-48），其中较小的一片是下机翼。将下机翼插入机身中（见图 4-49）。

图 4-48 两片机翼

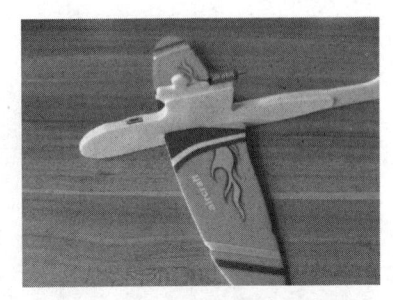

图 4-49 将下机翼插入机身中

取出上机翼，去除机翼上固定孔部位多余的材料（见图 4-50）；然后将上机翼固定到机身上（见图 4-51）。

图 4-50 去除多余材料

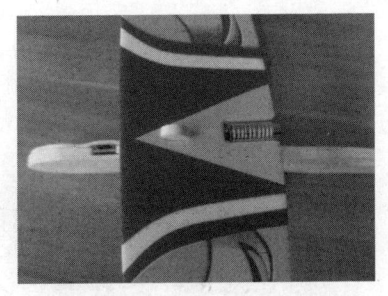

图 4-51 将上机翼固定到机身上

此时，上机翼只有一小部分被固定，还需要用支柱连接上下两片机翼。固定机翼的支柱如图 4-52 所示。

图 4-52 固定机翼的支柱

凹槽较大的一端为上机翼部分，安装时支柱向机头方向倾斜（见图 4-53）。

3. 安装尾翼

按图 4-54 所示将尾翼插入机身中。

图 4-53　安装支柱

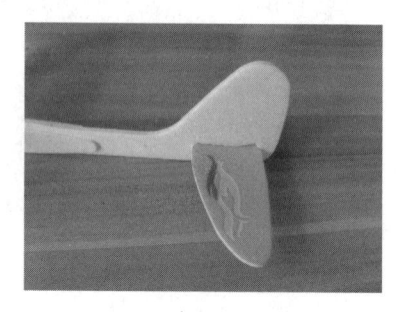

图 4-54　安装尾翼

4. 安装螺旋桨

取出螺旋桨，有字母的一侧为正面（见图 4-55）；将螺旋桨插入电机轴中（见图 4-56）。

图 4-55　螺旋桨正面

图 4-56　安装螺旋桨

电动自由飞制作完毕（见图 4-57）。

图 4-57　成果展示

4.3.4 电动自由飞的试飞

1. 外形调整

（1）检查机身部位是否粘接密切。
（2）检查机翼和支柱是否左右对称。

2. 飞行调整

选择开阔无风或者微风的环境，打开电动自由飞的开关，将电动自由飞轻轻推出，观察其飞行状态。如果电动自由飞抛出后低头，则应将尾翼角度向上调整；如果高度一直爬升，则应将尾翼角度向下调整。

3. 飞行

相较于电容形式的储能方式，内置锂电池可以使电动自由飞的续航时间大大提升。在抛飞之前，可以使用移动电源给电动自由飞充电（见图 4-58），充电时间大约为 30s。

图 4-58　充电示意图

第 5 章

线操纵类

5.1 初级线操纵特技比赛规则

1. 技术要求

参赛航空模型选手自备，使用以电机为动力的线操纵飞机。该航空模型主体材质为泡沫塑料，翼展620mm、机身长460mm，操纵线长7m，动力电池限用电压小于或等于7.4V（2S）、900mAh 的锂聚合物电池。

2. 比赛时间

每轮比赛参赛选手进场准备时间为 1min，比赛时间为 2min，参赛选手举手申请起飞即开始计时，航空模型着陆停止不动时停止计时。

3. 比赛规则

选手操纵航空模型起飞后依次完成平飞两圈、高平飞两圈、正筋斗一个，总计 3 个飞行任务。每完成一个任务后击爆一个气球，气球直径为 20～25cm，1 号球、2 号球、3 号球分值分别为 50 分、30 分、20 分，最后平稳着陆得 10 分。

其余比赛规则见"总则"。

4. 比赛场地

初级线操纵特技比赛场地示意图如图 5-1 所示。

第 5 章 线操纵类

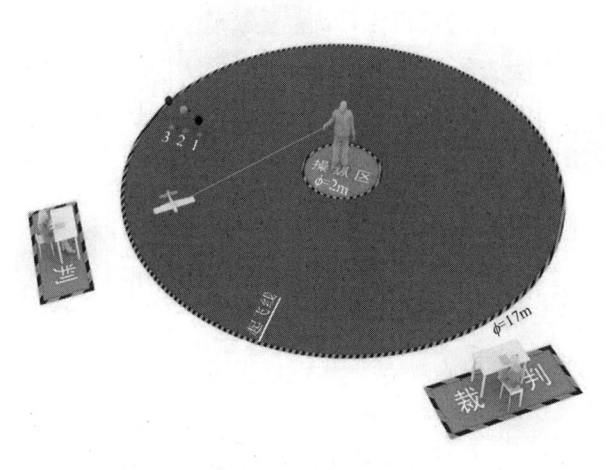

图 5-1 初级线操纵特技比赛场地示意图

5.2 线操纵飞机的发展

早期的航空模型受制于技术，大多是无动力的或是用弹簧、发条、橡皮筋等作为动力的。随着技术的不断发展，航空模型发动机也不断发展。但早期的无线电技术并不发达，能控制航空模型的唯一方法就是线操纵初级线操纵飞机，如图 5-2 所示。

图 5-2 初级线操纵飞机

1949年后，我国国家领导人特别重视航空模型的发展，成立了中央国防体育俱乐部，广大青年不断加入航空模型的队伍。1956年年底，湘江机械厂成功制作出了1.5cc的压燃航空模型发动机，极大地促进了中国航空模型的发展。

5.3 线操纵飞机的制作

专业的线操纵飞机制作难度和训练成本较高，市面上有很多专门为青少年设计的线操纵飞机，不仅制作简单，而且安全系数较高，已成为不少航空模型新手的首选。下面我们制作一款全国青少年航空航天模型教育竞赛专用初级线操纵飞机（见图5-3）。

图5-3 全国青少年航空航天模型教育竞赛专用初级线操纵飞机

1. 空机套材及制作工具

取出航空模型的空机套材，主要包括机翼、机身、尾翼、操纵钢丝、双面胶和机身贴纸（见图5-4）。需要用到的制作工具包括剪刀、美工刀、螺钉旋具和三角板。

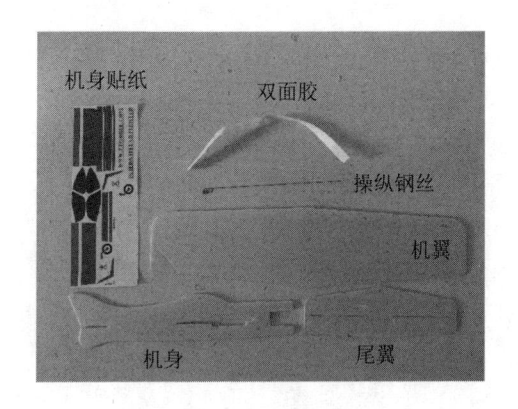

图 5-4 空机套材

2. 遥控器

枪式遥控器如图 5-5 所示，枪式遥控器上有油门控制按钮，航空模型的油门是全比例控制的，操纵者通过控制按钮来控制航空模型动力的大小。

航空模型飞行时的水平轨迹近似圆形，所以实际需要操控的只有航空模型的垂直位置。上下倾斜枪式遥控器，航空模型的电源线会带动舵臂，舵臂拉杆连接航空模型的升降舵，航空模型就会相应地上升或下降。

枪式遥控器左侧是电池盒，需要六节 5 号电池。电池盒的设计方便及时更换电池和检查电池电量。

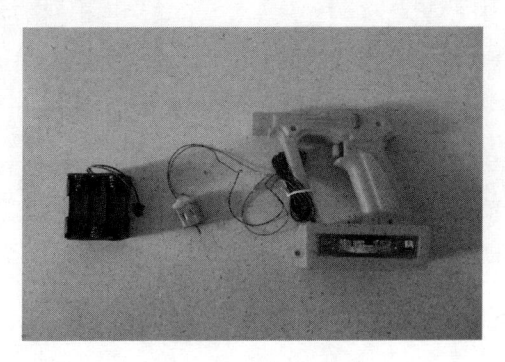

图 5-5 枪式遥控器

3. 机翼预处理

取出机翼，对机翼进行预处理。如图 5-6 所示，取出图中标出的零件；

用双面胶将零件粘到机翼中部,然后用手压实,使其粘接牢固(见图5-7)。该零件为舵臂旋转起固定和支撑作用。

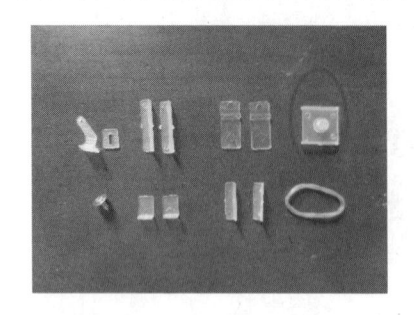

图 5-6　配件包 1　　　　　　图 5-7　粘贴机翼零件

4. 制作机翼

枪式遥控器上的两根控制线既是航空模型的电源线,又是航空模型的操纵线,航空模型的舵臂也安装在这两根控制线上。取出枪式遥控器,将控制线上的舵臂用螺钉固定在机翼中部(见图5-8)。机翼左侧有一个辅助配件,可将两根控制线分开,避免缠绕(见图5-9),安装好辅助配件后用双面胶将其固定。

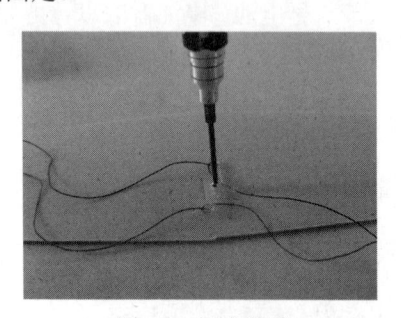

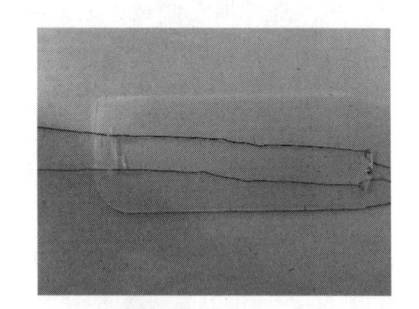

图 5-8　固定舵臂　　　　　　图 5-9　安装辅助配件

5. 制作尾翼

取出尾翼和尾翼的舵角,将舵角安装到尾翼上(见图5-10),舵角与机身连接处可以用热熔胶适当加固。

图 5-10 安装舵角

6. 组装航空模型

先将尾翼安装到机身上，安装时将限位槽向下插入机身（见图 5-11）；然后安装机翼。机翼左侧安装了许多零件，安装机翼时应将右侧机翼插入机身，稍加整理，左右机翼保持对称（见图 5-12）。

图 5-11 安装尾翼　　图 5-12 安装机翼

航空模型两侧的机翼面积其实并不相同。由于航空模型飞行时做圆周运动，所以圆周运动外侧机翼的线速度要比内侧机翼的线速度大，相应地，外侧机翼的升力要大于内侧机翼的升力。若两侧机翼面积相同，航空模型就会向内倾斜，操纵线将变得松弛，最终导致航空模型失控。

7. 加固航空模型

配件包 1 中有三对 L 形零件，这些就是机身加固件，它们不仅可以加固航空模型，还可以保证机翼与机身垂直（见图 5-13）。

8. 安装操纵拉杆

安装操纵拉杆如图 5-14 所示，安装完毕后，升降舵有一定角度，但不用急于调整，航空模型制作完毕后再统一进行调试。

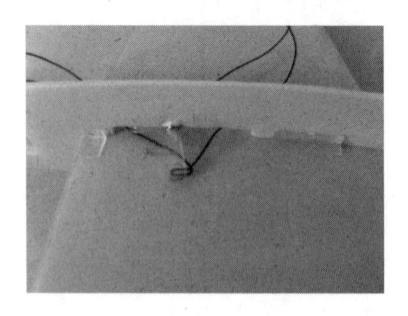

图 5-13　加固航空模型　　　　图 5-14　安装操纵拉杆

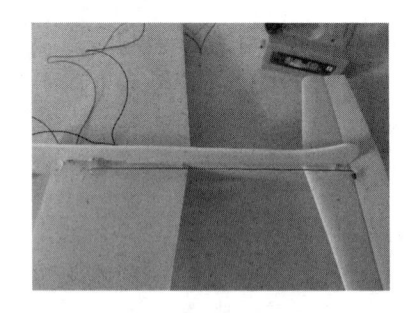

由于控制线都集中在机翼左侧，所以航空模型的重心偏左。配件包 2 中含一个配重片（见图 5-15），将配重片粘贴到机翼右侧，用来平衡航空模型（见图 5-16）。

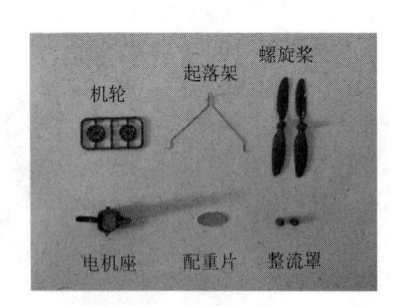

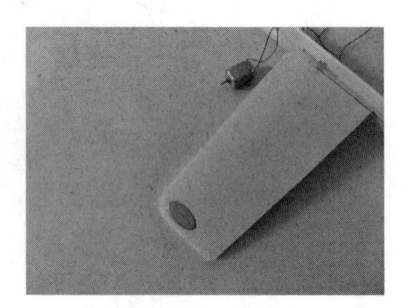

图 5-15　配件包 2　　　　图 5-16　粘贴配重片

9. 安装机头

由于线操纵飞机的运动是一个圆周运动，所以电机安装角需要向右偏转一定角度，使电机拉力的垂直分力与航空模型的向心力大小相同，方向相反，确保航空模型做匀速圆周运动。电机座需向右偏转约 10°，如图 5-17 所示。

由于电源线都集中安装在了机翼的下侧，所以安装电机时也要将电机的正负极焊点放在下侧，如图 5-18 所示。

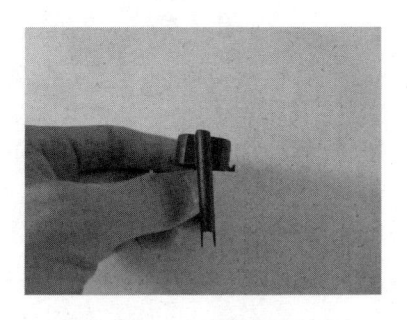

图 5-17　电机座偏转　　　　图 5-18　安装电机

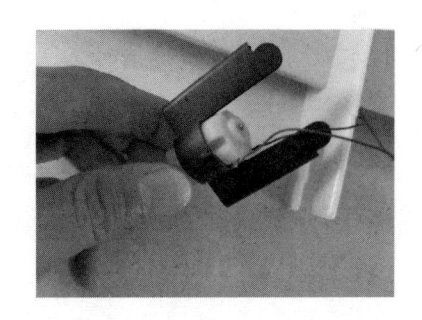

接下来想办法将电机固定，这时会用到配件包 2 中的橡皮筋。按图 5-19 所示的方法交叉橡皮筋，以此来固定电机。当航空模型机头着陆时，橡皮筋的固定可以起到缓冲的作用。

安装好电机之后将电机座插入机头中，如图 5-20 所示。航空模型板材比较薄，在安装的时候需要多加注意。

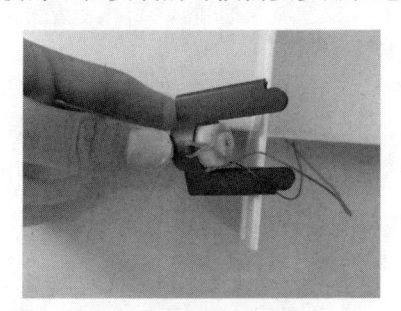

图 5-19　橡皮筋固定　　　　图 5-20　安装电机座

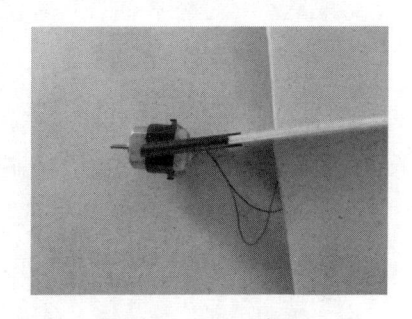

10. 安装螺旋桨

将螺旋桨直接插入电机轴中（见图 5-21）；然后在螺旋桨桨根处安装整流罩（见图 5-22），整流罩的材质较软，在航空模型头部接触地面时可以起到一定的缓冲作用。

从机身贴纸中找出加强胶带，贴在电机座与机身连接的地方，一方面增加机头的韧性，另一方面保证航空模型电机座的牢固，如图 5-23 所示。

11. 安装起落架

找出起落架配件，如图 5-24 所示。

图 5-21　安装螺旋桨　　　　　图 5-22　安装整流罩

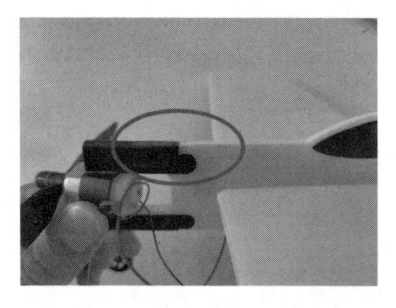

图 5-23　贴加强胶带　　　　　图 5-24　起落架配件

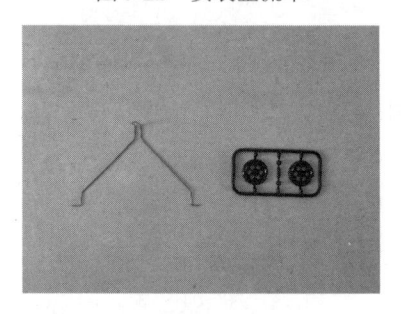

将轮子、轮挡等部件拆下来。由于轮子为注塑件，所以免不了有毛刺，如图 5-25 所示。如果不去除毛刺会影响航空模型的滑跑性能，所以要及时用美工刀去除。将轮子安装在起落架上，并检查其性能，如图 5-26 所示。

图 5-25　轮子上的毛刺　　　　图 5-26　安装轮子

将制作好的起落架安装在机头的电机座中，如图 5-27 所示。

12. 整理线材

将机头至机翼这一段区域的线材整理好并用胶带固定到机身一侧，如图 5-28 所示。

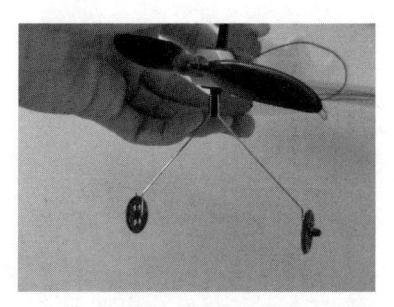

图 5-27　安装起落架　　　　　　图 5-28　整理线材

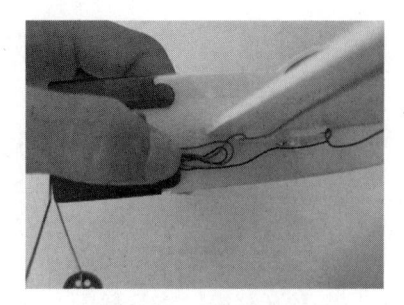

13. 粘贴贴纸

一架飞机不仅要有良好的飞行性能，机身的涂装也尤为重要。如国产重器歼-20，其机身涂装具有低可视化、低雷达波反射率等优点。先将机翼贴上贴纸，如图 5-29、图 5-30 所示。

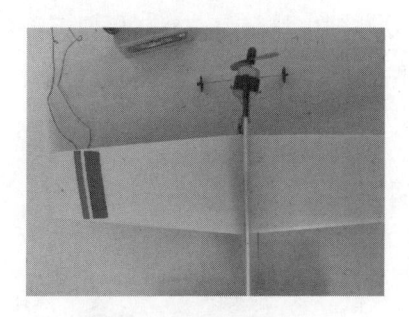

图 5-29　粘贴机翼贴纸（一）　　　　图 5-30　粘贴机翼贴纸（二）

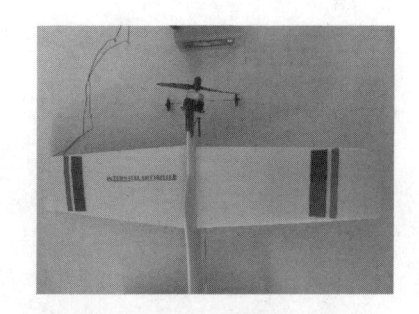

再粘贴驾驶舱与机身贴纸，如图 5-31 所示，最后粘贴上尾翼贴纸，如图 5-32 所示。航空模型制作完毕。

图 5-31　粘贴驾驶舱与机身贴纸　　　图 5-32　成果展示

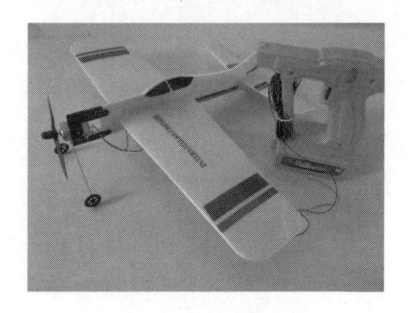

5.4 线操纵飞机的试飞

1. 操纵线调整

解开操纵线并将其捋顺。找一处空旷的场地,将航空模型平放在场地一端。拉直操纵线,观察航空模型升降舵的角度,如果升降舵的角度偏差过大,可以通过旋转遥控器上的拨盘来调整操纵线的长度(见图5-33),进而控制升降舵的角度。

2. 安装电池

取出电池盒,将6节5号电池安装到电池盒中,然后接通遥控器上的电源线即可。如果经常使用航空模型,建议购买可充电的18650锂电池(见图5-34),这样航空模型的性价比会更高。

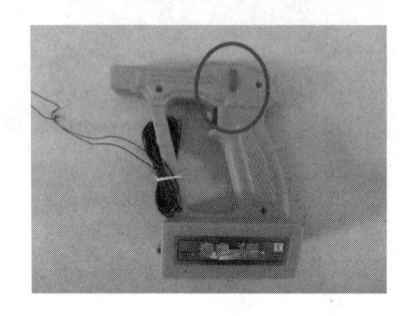

图 5-33　遥控器上的拨盘　　图 5-34　可充电的18650锂电池

3. 起飞

线操纵飞机的飞行半径较大,飞行时应选择开阔平坦的水泥地面,这样有利于航空模型滑跑。

新手在刚开始练习时可以间断地开启电源,让航空模型慢慢滑跑,等到适应航空模型后可以适当加大油门。航空模型滑跑一定距离后就会慢慢离开地面。

4. 飞行调整

航空模型起飞后如果出现"拿大顶"（见图 5-35），或者起飞就突然向上翻滚，应该立即停止。出现这种情况的原因有两种可能，一是航空模型的升降舵角度偏转过大，需要进行检查和微调；二是新手起飞过于紧张，抬杆和推杆的幅度过大，此时需要操纵者放松心情，平稳操纵航空模型。

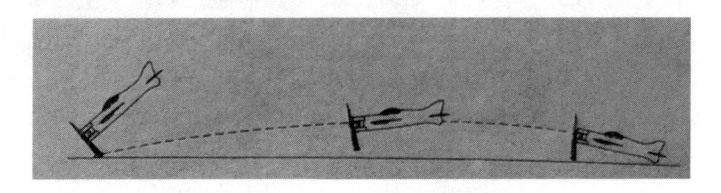

图 5-35　"拿大顶"失误示例

5. 平飞

航空模型在飞行过程中需要不断调整，当高度降低时需要轻抬手柄，当航空模型仰角过大时需要轻推手柄，让航空模型始终保持合适的高度。

6. 降落

（1）航空模型降落时首先要保持平飞姿态。

（2）轻轻推杆，让航空模型降低高度，最后在离地 30cm 左右时，将航空模型拉平。

（3）慢慢关闭油门，航空模型降低高度，最后落地。

7. 特技动作

平稳地飞行是线操纵飞机飞行的基础，但是在航空模型比赛中取得冠军的关键是要流畅地做出一系列特技动作，如过顶和正筋斗等动作（见图 5-36、图 5-37）。

8. 使用警告

（1）航空模型在飞行时需要与螺旋桨保持一定的安全距离。

图 5-36　过顶　　　　　　　　　图 5-37　正筋斗

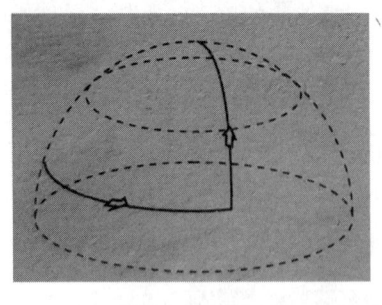

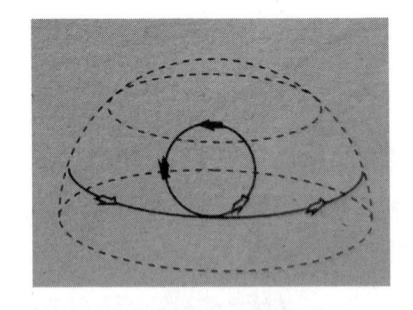

（2）在给航空模型电池充电时，需要有家长在一旁监护。

（3）新旧电池不得混用。

第 6 章

遥控类

6.1 驰骋蓝天——2.4G 遥控固定翼飞机

6.1.1 室外遥控固定翼飞机趣味飞行赛规则

1. 技术要求

参赛航空模型翼展 880~900mm，机身长 660~680mm，螺旋桨为中置推桨型。主体结构材质为泡沫、塑胶及碳纤维，质量小于或等于 240g。

2. 比赛时间

每轮比赛时间为 2min，自选手点名进场开始计时。

3. 比赛方法

（1）按逆时针方向，在规定的时间内完成起飞、双筋斗、降落等飞行任务，起飞方式不限。

（2）选手需在着陆区外起飞航空模型，起飞方式不限。

4. 成绩评定

每轮比赛以完成任务的项目得分之和作为该轮成绩，得分高者名次列前。

5. 判罚

（1）出现以下情况该次着陆判为 0 分：着陆接地前未关闭动力；着陆后机腹朝上；着陆时零部件脱落；着陆时碰触到选手或其助手。

（2）比赛时间结束后 30s 内还未着陆，本轮为 0 分。

6. 比赛场地

室外遥控固定翼飞机趣味飞行赛场地示意图如图 6-1 所示。

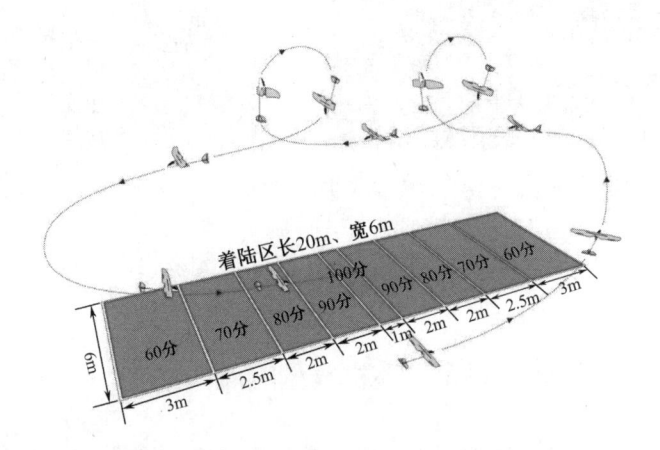

图 6-1　室外遥控固定翼飞机趣味飞行赛场地示意图

7. 其他

其他比赛规则见"总则"。

6.1.2　固定翼飞机简介

固定翼飞机主要由机翼、机身、尾翼、起落架等结构组成。"固定翼"是指飞机在飞行的过程中机翼固定不动，而直升机靠旋转机翼获得升力，它的机翼是一直运动的。

固定翼飞机在民用和军用等领域一直发挥着重要的作用。在民用方面，作为一种交通工具，相较于其他通行方式，固定翼飞机有着很多优点，如舒适、速度快、飞行高度高。图 6-2 所示为 ICON A5 水陆两栖固定翼飞机。

无论是采用电动、油动还是无动力的方式，固定翼飞机模型在航空模型中一直扮演着重要的角色。随着时代的进步，固定翼飞机在越来越多的领域发挥着作用，尤其是无人机领域。图 6-3 所示为具备垂直起降能力的固定翼无人机。

图 6-2　ICON A5 水陆两栖固定翼飞机　　图 6-3　具备垂直起降能力的固定翼无人机

相信在未来，更多领域可以见到固定翼无人机的身影。

6.1.3　亚博特固定翼飞机模型的制作

固定翼飞机模型的制作形式有多种，如轻木形式、EPO 像真形式、KT 复合板像真形式。相较于轻木的烦琐及 EPO 材料的昂贵，使用魔术板制作的固定翼飞机模型价格低廉，还可以从制作的过程中加深对航空模型各个系统的理解，图 6-4 所示为亚博特固定翼飞机模型。

图 6-4　亚博特固定翼飞机模型

1. 准备相关的材料

首先准备空机板材，包括机翼、机身、尾翼等魔术板板材（见图 6-5）；

其次准备电机、电调、舵机等动力原件和碳纤维杆、起落架等辅助器材（见图 6-6）。

图 6-5　空机板材 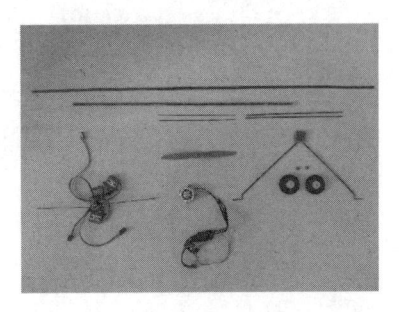　　　　图 6-6　辅助器材

2. 制作机翼

我们制作的航空模型的机翼属于平面式机翼，航空模型的升力完全依靠螺旋桨的分力。这种机翼虽然没有平凸式机翼的效率高，但是制作起来更加简单。

取出左右两片机翼板材，在机翼的拼接处涂上热溶胶，然后合并两块机翼（见图 6-7）。

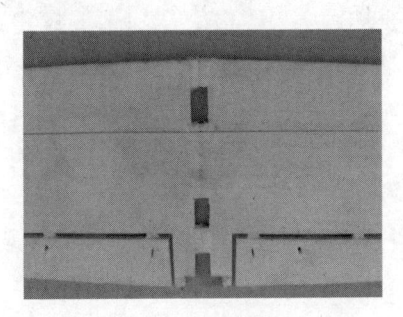

图 6-7　粘接机翼

魔术板板材的强度不同于 KT 复合板板材，为了保证机翼不会弯曲，需要用到碳纤维片支撑。截取一段厚为 1mm、宽为 5mm 的碳纤维片，在碳纤维片上涂抹泡沫胶（见图 6-8）；将碳纤维片塞入机翼预先开好的槽中（见图 6-9），为了保证碳纤维片与机翼紧密粘接，可以用胶带固定。

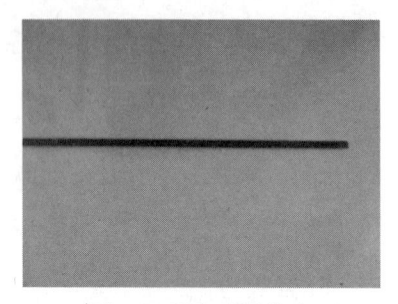

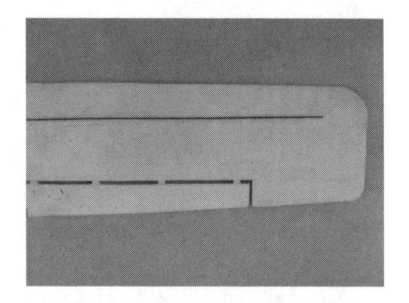

图 6-8　准备碳纤维片　　　　　图 6-9　将碳纤维片塞入机翼

机翼作为承载整个航空模型重量的部件，还需要在其重心位置加装一根碳纤维杆（见图 6-10），碳纤维杆与机翼之间用热熔胶粘接，然后用纤维胶带加固。

航空模型的舵面在长期的摆动中有断裂的风险，所以需要在机翼和尾翼的舵面位置处用纤维胶带加固（见图 6-11）。

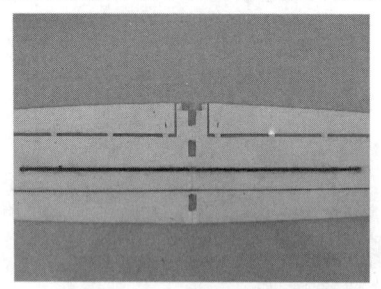

图 6-10　加装碳纤维杆　　　　　图 6-11　加固舵面

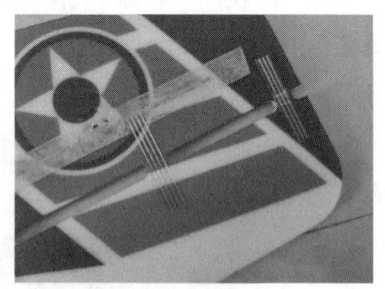

3. 制作机身

取出机身部件（见图 6-12），机身中已经预装了碳纤维杆，可以增加机身的强度；将前后两个机身合并，用热熔胶粘接（见图 6-13）。

图 6-12　机身部件　　　　　图 6-13　粘接机身

4. 组装机翼与机身

亚博特固定翼飞机模型为上单翼类型的航空模型，机身上部有机翼定位槽，方便安装机翼（见图6-14）；将机翼粘接到机身中（见图6-15）。

图6-14 机身上的机翼定位槽　　　　图6-15 粘接机翼

为了确保机翼粘接的强度，需要在机翼的接缝处再粘接魔术板加强部件，这样不仅能加强强度，也可以使航空模型更加美观（见图6-16）。

接下来粘接尾翼。取出尾翼（见图6-17）；加固尾翼的舵面后就可以将尾翼与机身粘接在一起了（见图6-18）。

图6-16 加固机翼

图6-17 尾翼　　　　图6-18 粘接尾翼

最后粘接航空模型的"后轮"(见图6-19),后轮的主要作用是防止航空模型尾翼的舵面被磨损。

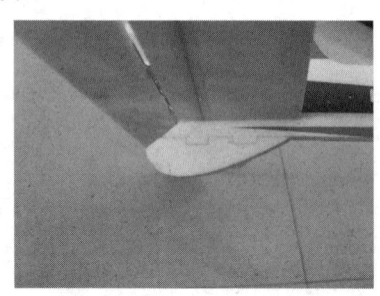

图6-19 粘接航空模型"后轮"

5. 制作航空模型起落架

取出起落架部件(见图6-20),主要包括起落架支架、机轮、轮挡。

将机轮插入起落架支架中,然后安装轮挡(见图6-21),注意轮挡与机轮之间要留出大约1mm的缝隙,过紧会导致机轮无法转动,过松则会导致航空模型在滑行过程中偏离路线。

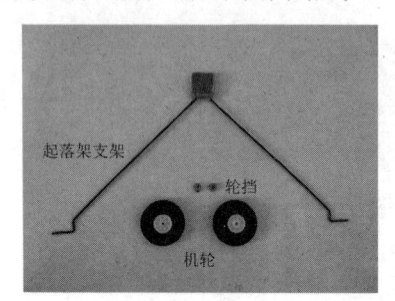

图6-20 起落架部件　　图6-21 安装机轮

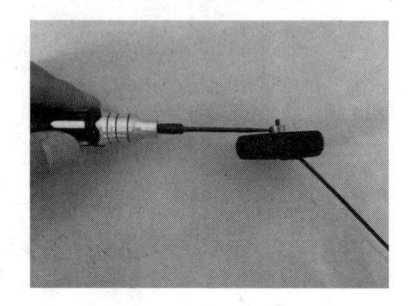

按照此步骤将两侧机轮安装好后起落架就制作好了(见图6-22);将制作好的起落架安装到机身中,两侧用纤维胶带加固(见图6-23)。

6. 加固机翼与尾翼

由于航空模型的机身和机翼都为平面结构,机翼与机身相互垂直,但是接触面较少,在飞行的过程中会导致机翼和尾翼左右摇摆,所以利用"三角形稳定支撑"的原理,用碳纤维杆做支撑,连接机翼和机身,从而达到稳定机身的效果。

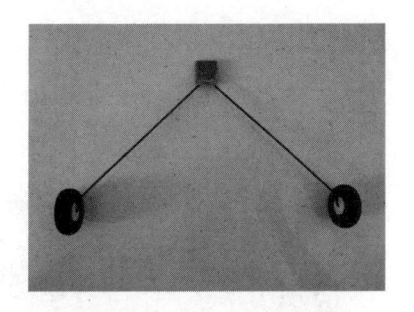

图 6-22 制作好的起落架　　图 6-23 安装起落架

选择合适长度的碳纤维杆（见图 6-24），取出其中较粗的碳纤维杆用来加固机翼，较细的用来加固尾翼，用碳纤维杆在合适的位置穿透机翼（见图 6-25），然后用热熔胶在机翼正反两面涂胶固定，保证碳纤维杆不会松脱；碳纤维杆的另一端固定在机身上（见图 6-26）。

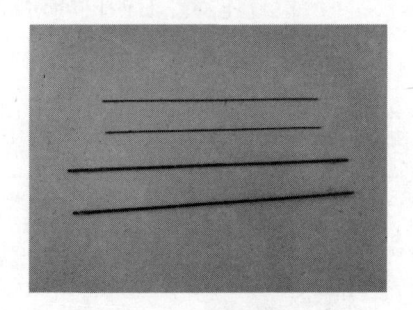

图 6-24 碳纤维杆　　图 6-25 用碳纤维杆穿透机翼

在制作机翼支撑的过程中需要多次观察，保证航空模型的左右两侧达到最佳的对称位置（见图 6-27）。

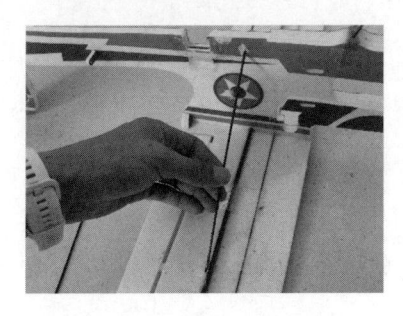

图 6-26 另一端固定在机身上　　图 6-27 左右对称

接下来制作尾翼部位的支撑。为了使较细的碳纤维杆得到充分粘接，可以先在尾翼上涂上热熔胶，然后将碳纤维杆插进尾翼中（见图 6-28、图 6-29）。

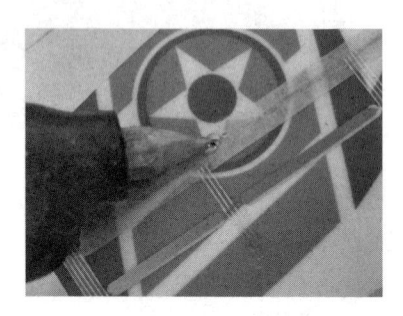

图 6-28　涂抹热熔胶　　　　图 6-29　将碳纤维杆插入尾翼中

按照相同步骤粘接两侧碳纤维杆，随后检查尾翼左右两侧的对称情况（见图 6-30）。

图 6-30　尾翼左右对称

7. 安装舵机及拉杆

首先安装机翼部位的舵机及拉杆。在许多航空模型中，机翼的拉杆往往由一个舵机控制，这不仅减轻了重量，还节省了成本。机翼的舵机安装在机翼的正下方（见图 6-31）。

副翼上安装舵角的位置靠近机身中部。魔术板的刚度不足，导致靠近机翼两端的副翼舵效不足，解决的方法就是将舵角的安装位置向副翼中间移动，也就是远离机身的方向（见图 6-32）。

图 6-31　机翼舵机位置 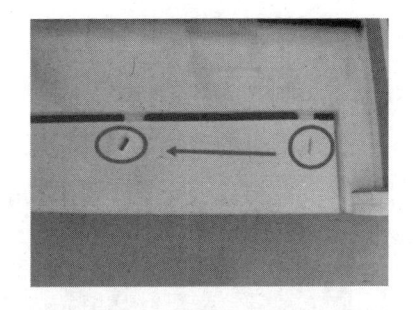　　　　　图 6-32　移动舵角的安装位置

安装舵角与快调（见图 6-33）；随后截取两段钢丝作为舵机拉杆，并将其中一端用 Z 字钳折出 Z 字形（见图 6-34）。

图 6-33　安装舵角与快调 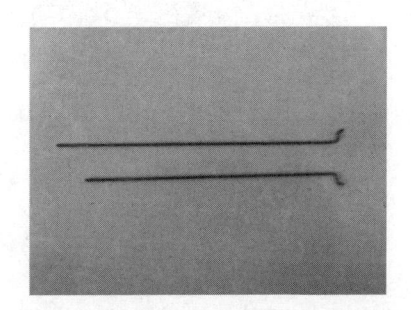　　　　图 6-34　截取舵机拉杆

安装舵机拉杆后用泡沫胶涂抹快调的螺母部位，可以有效防止快调脱落（见图 6-35）。

接下来安装升降舵及方向舵的舵机。首先，用美工刀或者扩孔器对舵机臂进行扩孔处理（见图 6-36），扩孔后的大小应能使拉杆安装到舵机臂上。

图 6-35　在快调的螺母处涂抹泡沫胶 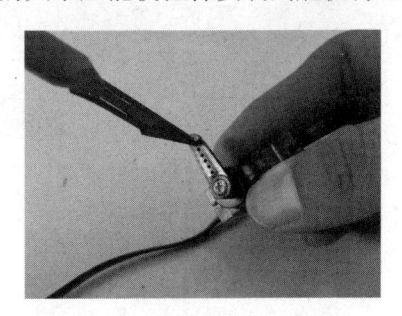　　图 6-36　用美工刀进行扩孔处理

接下来安装舵机（见图 6-37），下面的舵机负责控制方向舵，上面的舵机负责控制升降舵。

由于舵机的安装位置离机尾较远，舵机拉杆在强大的推力下会发生弯曲，所以需要在机身上安装一些限位部件（见图 6-38）。

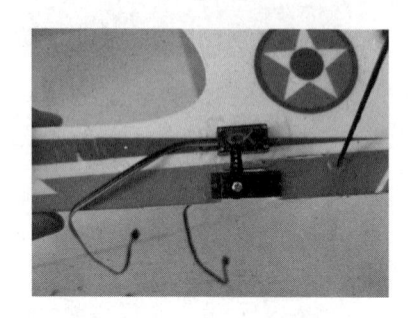

图 6-37　安装舵机　　　　图 6-38　限位部件

将魔术板材质的限位部件安装到机身上，并用热熔胶加固（见图 6-39、图 6-40）。

安装舵机拉杆时，首先将拉杆穿入机身的限位零件中，然后再将舵机臂安装进拉杆中，最后将舵机臂安装到舵机上（见图 6-41）。拉杆的另一端连接舵角（见图 6-42）。

图 6-39　安装位置　　　　图 6-40　安装后

8. 安装电机和电调

虽然说亚博特固定翼飞机模型是一架小型的航空模型，麻雀虽小五脏俱全，它所使用的电机也是无刷电机，规格为 2202 KV1800（见图 6-43）；先将电机

第 6 章 遥控类

与 20A 电调相连接（见图 6-44）。

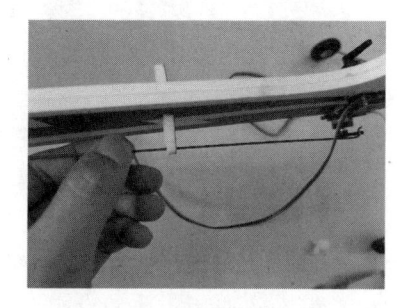

图 6-41 安装舵机拉杆

图 6-42 连接舵角

图 6-43 2202 KV1800 无刷电机

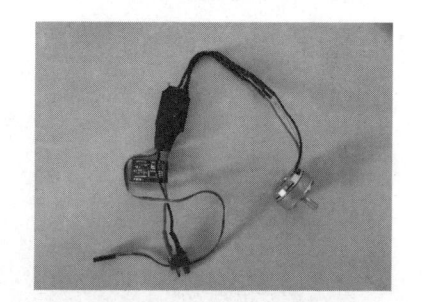

图 6-44 连接电调

安装电机尾部的十字支座（见图 6-45）。

接下来安装电机座。取出圆形的电机座（见图 6-46）；电机座安装的位置为机翼与机身连接的地方（见图 6-47）。

电机座与机身之间用热熔胶粘接即可完成安装（见图 6-48）。

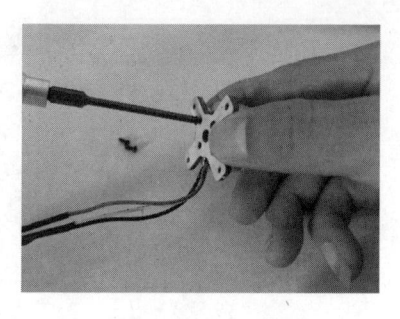

图 6-45 安装十字支座

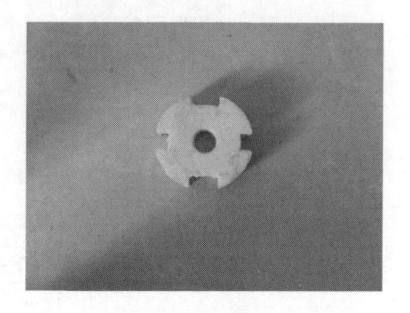

图 6-46 电机座

图 6-47　安装位置　　　　　　　图 6-48　电机座安装完成

电机的十字支座与电机座之间用螺钉加固。由于电机座的材质为魔术板，所以为了保险起见，在十字支座与电机座之间先涂抹泡沫胶，然后再拧上螺钉（见图 6-49、图 6-50）。

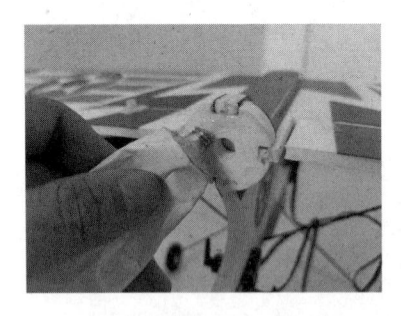

图 6-49　涂抹泡沫胶　　　　　　图 6-50　拧上螺钉

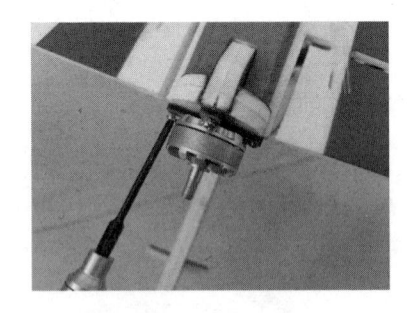

在电机上安装螺旋桨平衡环，可以保证螺旋桨左右平衡（见图 6-51）。安装螺旋桨，安装时带字母的一侧朝向机头（见图 6-52）。

图 6-51　安装螺旋桨平衡环　　　　图 6-52　安装螺旋桨

最后将舵机和电调信号线插入接收机的通道中，1~4 通道依次连接副翼、升降舵、电调、方向舵（见图 6-53）。整理线材，用扎带将多余的信号线扎起来并用纤维胶带固定到机身上（见图 6-54）。

图 6-53　连接接收机　　　　图 6-54　整理线材

航空模型制作完成（见图 6-55）。

图 6-55　成果展示

6.1.4　亚博特固定翼飞机模型的试飞

1. 外形调整

（1）检查航空模型各个舵面的角度及正反方向，确保舵面可以正常摆动。

（2）检查航空模型各个连接处是否牢固。另外，每次飞行前都要留意快调部位，检查快调螺母是否松脱。

（3）观察航空模型的机翼及尾翼，使其与机身垂直，保证航空模型左右两侧的平衡。

（4）电池的捆绑位置在航空模型机头的最前端（见图6-56）。

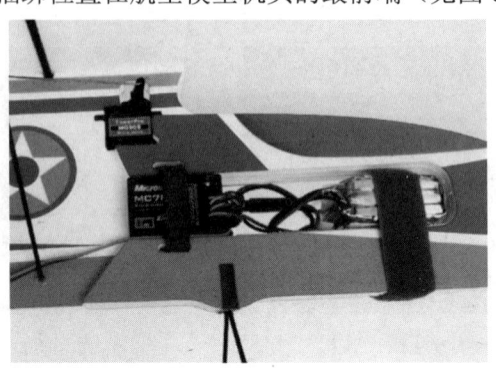

图 6-56　电池位置

2. 飞行调整

选择一片开阔无风或者微风的草地，迎风抛出航空模型，操控航空模型飞到一定的安全高度后观察航空模型飞行的状态并及时用遥控器进行微调。由于航空模型采用后推式的牵引方式，所以不必担心航空模型坠地后会伤到电机和螺旋桨。

6.2　滑翔天际——2.4G 遥控纸飞机

6.2.1　遥控纸飞机任务赛规则

1. 技术要求

参赛航空模型自制。航空模型翼展 1.0m（误差不超过±50mm），机身长 800～1000mm，主体结构材质为 KT 复合板；以电动机为动力，动力电池限用不大于 11.1V（3S）2200mAh 的锂聚合物电池。

2. 比赛时间

每轮比赛时间为 3min，自选手点名进场开始计时。

3. 比赛方法

（1）选手需站在操纵区完成起飞，之后可以跟随操纵航空模型，但是航空模型不得飞越安全线。

（2）按照场地中的提示依次完成任务。航空模型起飞后从右侧立柱开始依次绕柱飞行，绕过第 4 个立柱后穿越远端拱门，然后再次绕柱飞行，之后再完成近端的拱门穿越为成功飞行一圈。如此完成两圈的飞行任务，第二次穿越近端拱门后记录飞行时间。

（3）未完成绕飞、穿越的任务必须补做后再进行后续任务，否则该圈次飞行无效，需重回第一个任务开始再记圈。

（4）比赛中航空模型坠落复飞者，需在上一个任务区应急起飞线后起飞。

4. 成绩评定

（1）每轮比赛以完成两圈飞行的用时作为该轮成绩，用时短者名次列前。

（2）比赛时间结束后未完成两圈者以实际完成任务数及用时作为该轮成绩，在完成比赛任务选手之后依次排定名次。

5. 判罚

选手必须在航空模型机头及其他尖锐的结构部位做必要的防撞处理，若因未做处理或处理不当在比赛中损坏比赛道具的，将依损坏程度给予终止该轮比赛、该轮比赛判为零分直至取消比赛成绩的处罚。

6. 比赛场地

如图 6-57 所示为遥控纸飞机任务赛场地示意图，半圆形拱门宽 10m，两个拱门中点相距 30～40m；4 个立柱高度为 4～7m，间隔 15m；在每个任务区地面垂直于飞行方向均设置有应急起飞线。

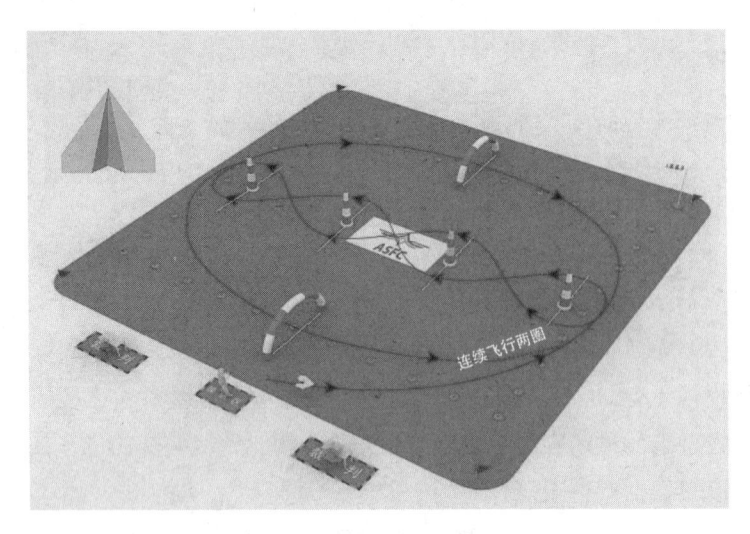

图 6-57 遥控纸飞机任务赛场地示意图

6.2.2 遥控纸飞机的制作

相较于复杂的遥控航空模型来说，纸飞机既方便又简单，只需一张 A4 纸就可以折出各种形式的纸飞机。前文已经介绍了两种纸飞机的折法。这次用 KT 复合板制作一架可以操控的纸飞机。

图 6-58 所示为纸飞机图样，从中可以大致推测纸飞机的形状。

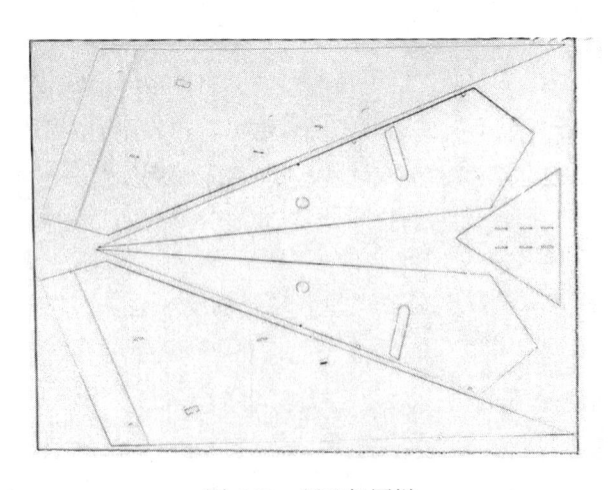

图 6-58 纸飞机图样

1. 处理机翼

为了更好地利用空间、节省板材，航空模型的机翼与机身并未整体排版，而是分散排版，并且部分位置做了分割，只需用热熔胶粘接即可。从板材中取出机翼部件，用热熔胶粘接分割的部分（见图6-59）。

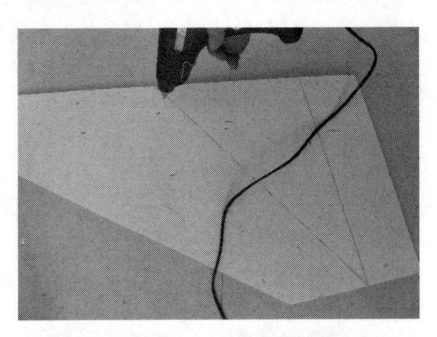

图6-59 取出机翼并粘接

沿着切割好的细线将机翼上的副翼掰开（见图6-60）；然后用美工刀在副翼上切出一条45°的斜角，方便副翼摆动（见图6-61）。用同样的方式处理另一侧机翼。

图6-60 掰开副翼 　　　　图6-61 切出斜角

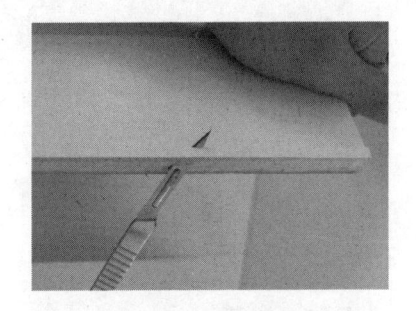

取出碳纤维杆固定片（见图6-62）；将碳纤维杆固定片插入机翼的孔位中（见图6-63）。

2. 制作机身

取出两块三角形的机身板材，按照一定角度将两块板粘接起来（见图6-64）。

3. 粘接机翼与机身

将机翼与机身反过来平铺在桌面上,然后将机翼与机身粘接在一起(见图6-65)。

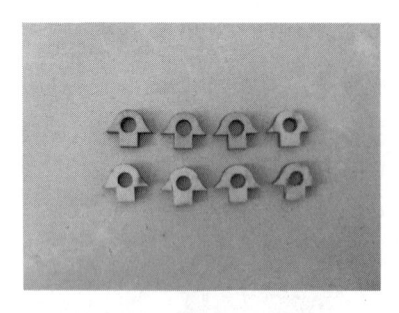

图6-62 碳纤维杆固定片

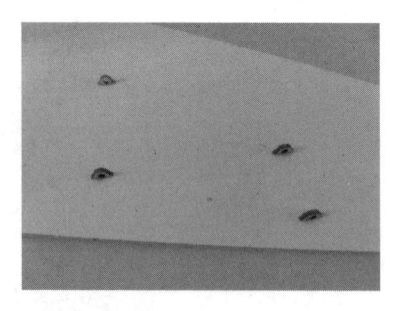

图6-63 插入碳纤维杆固定片

图6-64 粘接机身

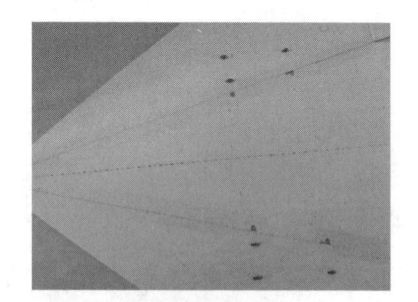

图6-65 粘接机翼与机身

取出机头两块板材(见图6-66);将两块板材用热熔胶粘接起来,然后将机头粘接到机身上(见图6-67),这样机身各个部位的角度和翼展便得到了固定。

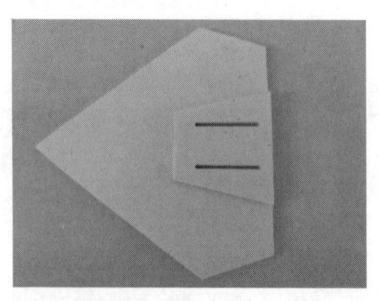

图6-66 机头板材

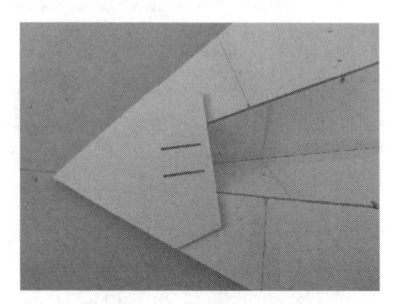

图6-67 粘接机头

用胶带粘接机头两侧固定机头（见图6-68）。

4. 制作并安装电机座

将电机座拼装后用快干胶加固（见图6-69）。

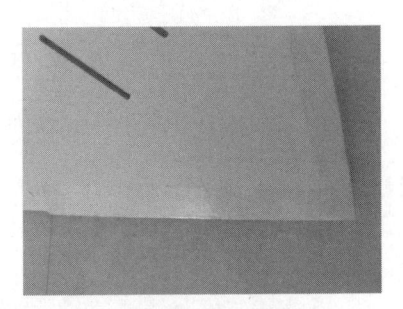

图6-68 固定机头　　　　图6-69 制作电机座

将两根长度分别为800mm和600mm的碳纤维杆穿入机身中，注意不要全部穿过去，先穿过一侧机身，再将电机座穿入碳纤维杆中；随后将碳纤维杆穿入另一侧机翼（见图6-70），调整两侧长度（见图6-71）。

图6-70 用碳纤维杆穿过机身　　　　图6-71 调整两侧长度

调整电机座，使其位于机身的正中央，然后用热熔胶固定电机座两侧，防止偏移（见图6-72）。

5. 安装电机、电调和舵机

将电机安装到电机座中（见图6-73），随后连接电调。

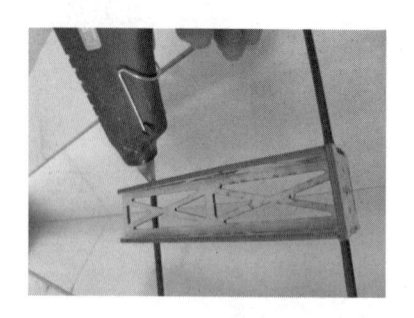

图 6-72　固定电机座　　　　　图 6-73　安装电机

将舵机安装到机翼的舵机孔中（见图 6-74）；整理两侧的舵机线，用热熔胶固定到机翼上（见图 6-75），防止舵机线被螺旋桨打到。

图 6-74　安装舵机　　　　　图 6-75　整理舵机线

在机头处涂抹热熔胶，取出板材中的长方形的板材，将其粘接到机头上（见图 6-76），随后将电池扎带插入板材上的孔中（见图 6-77）。

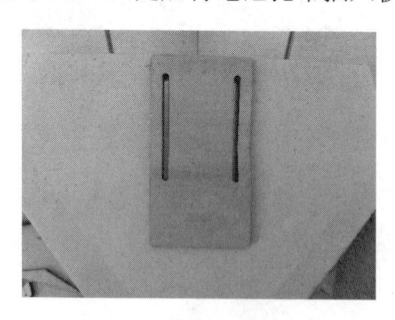

图 6-76　粘贴板材　　　　　图 6-77　安装电池扎带

电池在航空模型中的安装位置如图 6-78 所示，给航空模型通上电，舵机会自动回中。此时安装舵机臂，然后安装舵机拉杆（见图 6-79），调整航空模型副翼，使其处于水平位置。

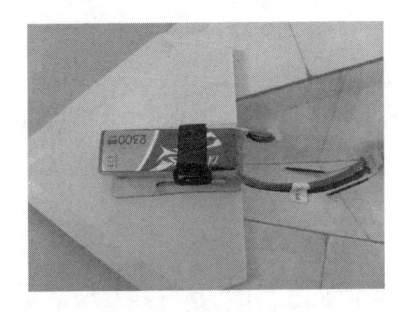

图 6-78　电池安装位置　　　　图 6-79　安装舵机拉杆

最后安装螺旋桨，测试电机的转向（见图 6-80），若电机转向相反，则断开航空模型电源，然后任意调换电机与电调连接的三根线中的两根线即可。用胶带粘贴机翼两侧，增强机翼边缘的韧性（见图 6-81）。

图 6-80　安装螺旋桨并测试电机转向　　　　图 6-81　用胶带增强机翼边缘的韧性

做好的航空模型如图 6-82 所示。

图 6-82　成果展示

6.2.3 遥控纸飞机的试飞

1. 外形调整

（1）检查航空模型各个舵面的角度及正反方向，确保舵面可以正常摆动。

（2）飞行前检查快调部位，观察快调螺母是否松脱。

2. 飞行调整

选择开阔的场地。纸飞机飞行速度并不快，可以选择在草地试飞。航空模型降落时草地可以起到缓冲作用。

航空模型出手后，应尽量控制它飞到安全的高度后再做微调。若航空模型出现大幅度的低头或抬头，就要考虑航空模型的重心是否正确。只有通过不断的飞行和调试，才能获得一架性能卓越的航空模型。

6.3 直升力士——2.4G 遥控直升机

6.3.1 遥控直升机计时障碍赛规则

1. 技术要求

参赛航空模型为微型共轴式双旋翼四通道遥控直升机，旋翼直径 180～200mm、机身长 210～230mm，动力电池限用小于或等于 3.7V（1S）150mAh 锂聚合物电池。

2. 比赛时间

每轮比赛时间为 2min，自选手点名进场开始计时。

3. 比赛方法

选手操纵航空模型依次完成各项任务，漏做任务重做无效。允许选手跟随航空模型进行操纵。

4. 比赛任务要求及计分

（1）起飞。航空模型自起降区起飞，完成得 10 分。

（2）穿越山洞（圆环）。从起降区飞往山洞（圆环），穿越直径 0.7m、高度 1.25m 的山洞（圆环），分值 20 分；穿越直径 0.5m、高度 1m 的山洞（圆环），分值 30 分；穿越直径 0.35m、高度 1.5m 的山洞（圆环），分值 50 分。每次穿越山洞（圆环）机头必须正对前进方向，且每次穿越需和比赛场地的顺序方向一致。

（3）穿越时空隧道。穿越宽 1.52m、高 0.78m、长 1.12m、中间有立杆的米形隧道，单向得 50 分，双向得 100 分。

（4）高台停机观景。着陆在高台上并停留至桨叶停止转动。低平台直径为 0.6m、高度为 0.5m，分值 30 分；中平台直径为 0.5m、高度为 1m，分值 40 分；高平台直径为 0.4m、高度为 1.5m，分值 50 分。

（5）飞越高山。飞越直径为 1.5m、高 2.0m 的半圆形山门。绕左、右半圆形杆各飞行 1 圈，各得 30 分，航空模型从上部飞越开始。

（6）着陆：飞回起降区着陆。着陆在直径为 0.25m 的圆内得 50 分；着陆在直径为 0.6m 的圆内得 30 分；着陆在直径为 0.6m 的圆外的基地内得 10 分。起降区面积为 1.5m×1.5m。着陆压线按低分值计分。

5. 成绩评定

每轮比赛以完成任务的项目得分之和作为该轮成绩。

6. 判罚

（1）航空模型的着陆必须一次完成，在起降区外触地再进入区内的，和在起降区内触地再停在区外的，成绩均计算为起降区外。

（2）航空模型着陆时翻覆，不记着陆分。

7. 比赛场地

遥控直升机计时障碍赛场地示意图如图 6-83 所示，任务按逆时针方向均匀布置在直径为 6m 的圆上。

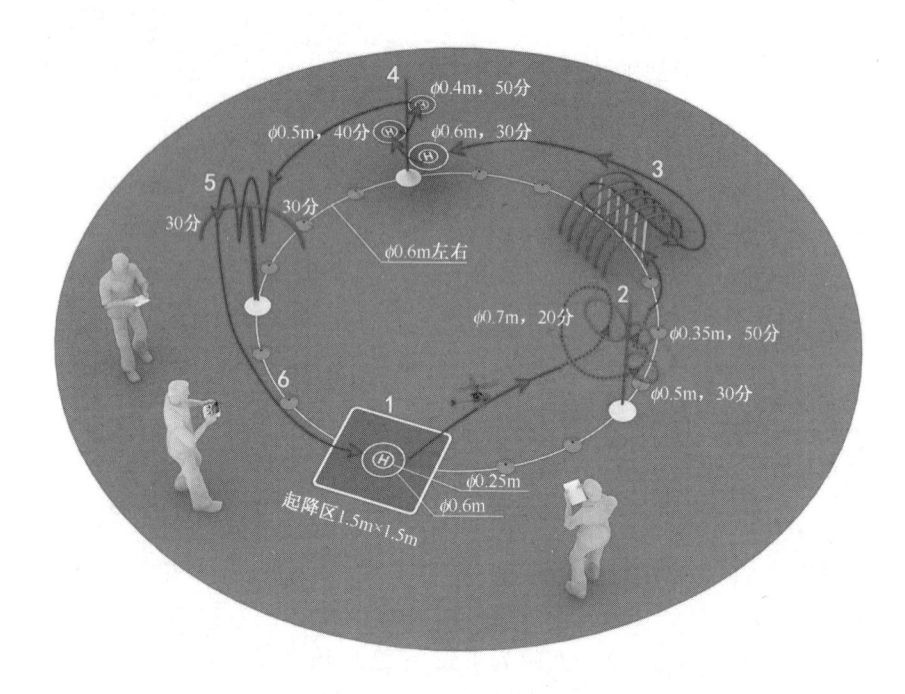

图 6-83　遥控直升机计时障碍赛场地示意图

6.3.2　遥控直升机的制作

图 6-84 所示为遥控直升机零件图，不要被众多零件吓退，只要有耐心，一定会拥有一架酷酷的遥控直升机。

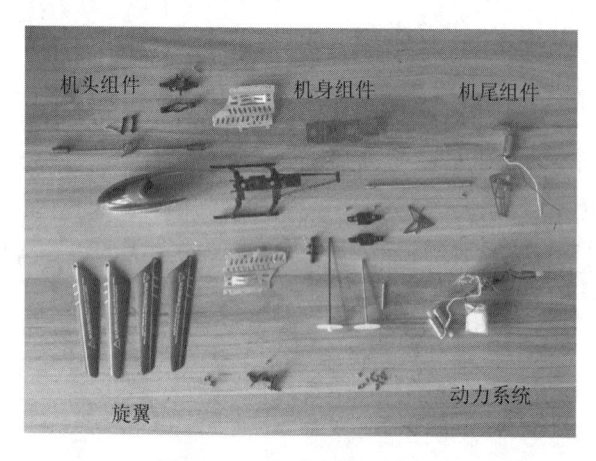

图 6-84　遥控直升机零件图

遥控直升机有两种螺旋桨结构，一种是单桨结构（见图6-85），它的前进和后退通过改变螺旋桨的倾角来实现，为了保持机身的平衡，尾部安装了尾桨，通过机身内的陀螺仪控制飞机的平衡。单桨结构遥控直升机与真实的直升机一样，还原度高，但是复杂程度更高。另一种是共轴双桨结构，也是我们要制作的（见图6-86），它的复杂程度较低，但是可操控性没有单桨结构灵活。

图6-85 单桨结构遥控直升机 　　图6-86 共轴双桨结构遥控直升机

取出机身（见图6-87），可以看到，虽然为了减轻重量，机身结构是塑料材质的，但是它的强度和韧性是足够的，后期安装机身侧板后更可以再次加强航空模型的强度。

1. 制作螺旋桨的旋转机构

取出防摩擦轴，将其插入图6-88所示位置。这根轴是旋转机构的一部分，起到轴承的作用，防止内部的旋转轴直接与机身接触，降低摩擦。

图6-87 遥控直升机机身 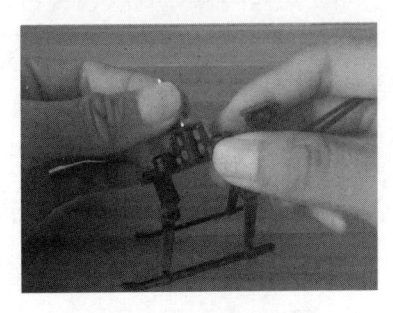　　图6-88 插入防摩擦轴

共轴双桨结构有上下两层螺旋桨，先插入下层螺旋桨的旋转轴（见图 6-89），其上带有一个大的减速齿轮。旋转轴是空心结构，内部还要插入上层螺旋桨的旋转轴。

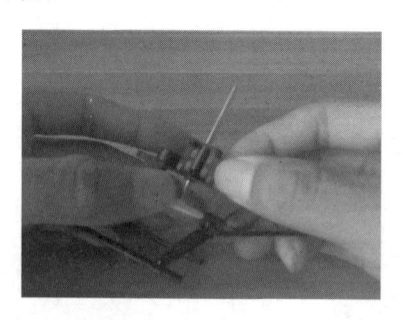

图 6-89　插入下层螺旋桨的旋转轴

取出下层螺旋桨的桨夹（见图 6-90）；安装桨夹的底盖，防止旋转轴上下活动（见图 6-91）。

图 6-90　下层螺旋桨的桨夹

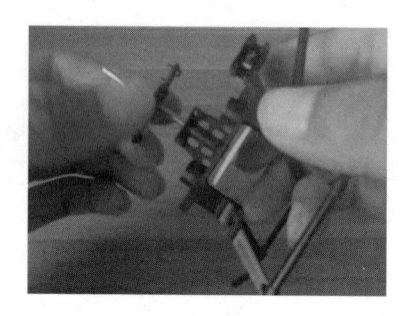

图 6-91　安装桨夹的底盖

取出上层螺旋桨旋转轴（见图 6-92），其底部同样带着一个大的减速齿轮，上下层两个齿轮的齿数相同，所以减速比也相同；将减速齿轮插入下层螺旋桨旋转轴中（见图 6-93）。

2. 安装遥控直升机机身尾杆及尾翼

取出机身尾杆，将其插入机身中，注意尾桨安装孔应朝向右侧（见图 6-94）；然后用螺钉旋具固定尾杆和机身（见图 6-95）。

图 6-92　上层螺旋桨旋转轴

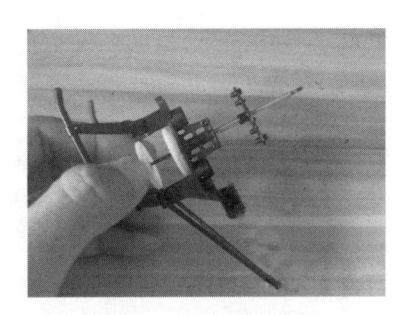

图 6-93　安装减速齿轮

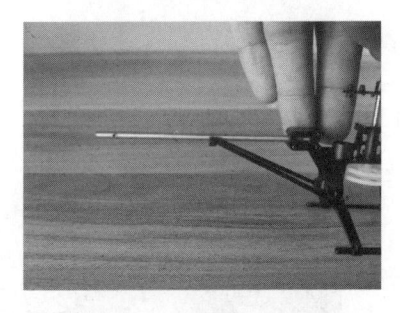

图 6-94　安装直升机尾杆

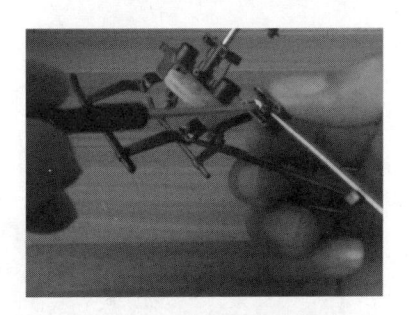

图 6-95　固定尾杆和机身

虽说遥控直升机与固定翼飞机模型的基本结构不同,但是在某些地方还有相同的部分,如它们都有水平尾翼及垂直尾翼,这样航空模型在前进的过程中才能保持左右及俯仰之间的平衡。

安装水平尾翼(见图 6-96),由于尾翼两侧由两颗螺钉固定,安装好后要检查左右是否对称(见图 6-97),防止一侧螺钉过紧。

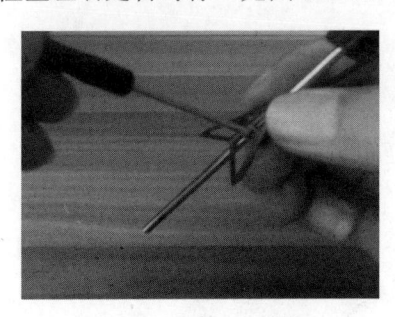

图 6-96　安装水平尾翼

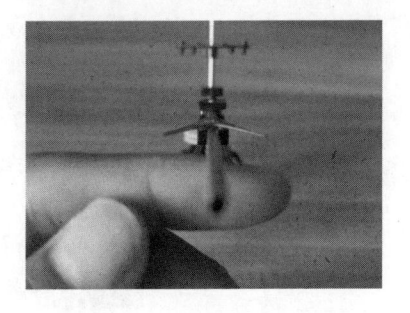

图 6-97　检查左右是否对称

安装垂直尾翼(见图 6-98、图 6-99)。

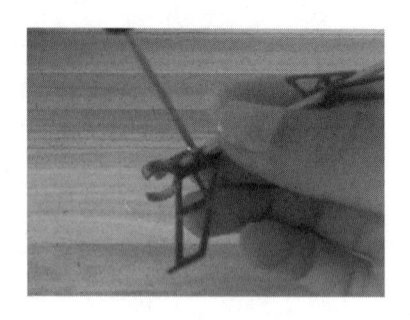

图 6-98　安装垂直尾翼（一）　　　　图 6-99　安装垂直尾翼（二）

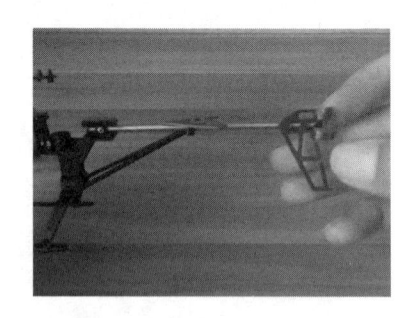

3. 安装尾桨电机

尾桨电机为空心杯电机。将电机的两根电源线插入直升机尾杆，从机身一侧伸出（见图 6-100）；然后将电机塞入垂直尾翼的电机槽中（见图 6-101）。

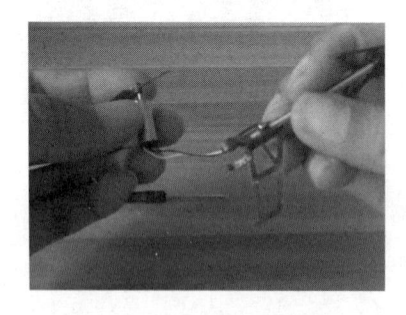

图 6-100　将电机线穿过尾杆　　　　图 6-101　安装电机

整体展示一下安装成果，再检查一下有无遗漏步骤（见图 6-102）。

图 6-102　检查有无遗漏步骤

4. 安装旋翼电机

旋翼电机也是空心杯电机（见图6-103），电机轴上有小齿轮，电机齿轮与旋翼齿轮共同组成了齿轮减速组。

注意电机的安装顺序，靠近机头一侧的电机轴较长，负责控制上层螺旋桨的旋转（见图6-104）。

图 6-103　安装旋翼电机　　　　图 6-104　电机安装细节

5. 安装机身侧板及底板

机身侧板为铝合金材质，既增加了机身的结构强度，也有效保护了齿轮减速组，还能防止异物进入机身内部（见图6-105）；将机头罩定位装置安装到机身侧板上（见图6-106）。

图 6-105　安装机身侧板　　　　图 6-106　安装机头罩定位装置

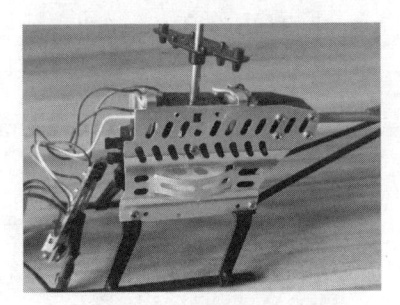

安装机身底板（见图6-107）。

图 6-107　安装机身底板

6. 安装控制元件

首先整理电机线（见图 6-108），将电机线梳理到机头处的两个卡口之间（见图 6-109）。

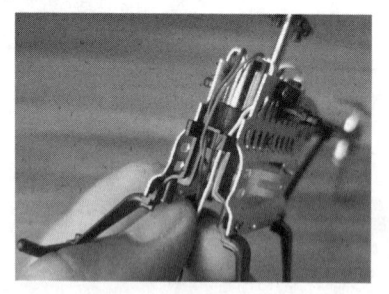

图 6-108　整理电机线　　　图 6-109　机头处的卡口

将控制板装入机头卡口中（见图 6-110），然后将尾桨电机电源线安装到电路板中。

遥控直升机使用动力为 1S、容量为 150mAh 的锂电池。将电池放在航空模型底板上，并用胶带固定（见图 6-111）。

图 6-110　安装控制板　　　图 6-111　安装电池

将航空模型探照灯安装进机头（见图6-112）；内部用胶带固定（见图6-113）。

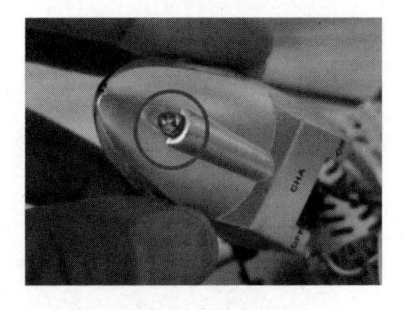

图6-112 安装探照灯　　　　　　　图6-113 固定探照灯

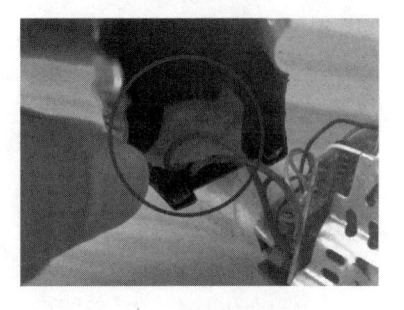

此时航空模型的大部分已经制作完毕，仅剩旋翼部分未安装，应检查一下有无遗漏（见图6-114）。

7. 安装上下旋翼

首先安装下旋翼（见图6-115），下旋翼逆时针旋转为正方向。

图6-114 检查有无遗漏　　　　　　图6-115 安装下旋翼

接下来安装上旋翼及平衡杆。取出桨夹和平衡杆的固定装置（见图6-116），将其安装到上旋翼旋转轴上（见图6-117）。

图6-116 上旋翼零件　　　　　　　图6-117 安装零件

取出上旋翼桨夹组件，该组件分为桨夹主体和下盖（见图6-118）。首先将下盖套进旋转轴中（见图6-119）；随后安装桨夹（见图6-120）。

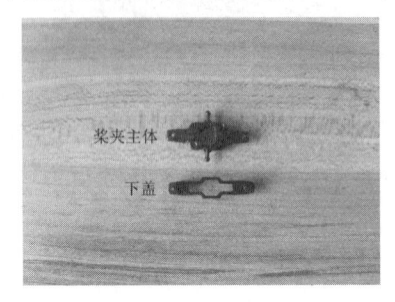

图6-118　桨夹组件

图6-119　安装桨夹下盖

安装上旋翼（见图6-121），将下盖与桨夹合并后拧上螺钉。

图6-120　安装桨夹

图6-121　安装上旋翼

安装平衡杆（见图6-122）。平衡杆起到陀螺仪的作用，平衡杆高速旋转产生的惯性力可以有效避免航空模型产生大幅度位移，从而起到稳定航空模型的作用，还可以提高航空模型的抗风性。

为了保持平衡杆与上旋翼之间运动的一致性，还需要安装平衡杆与上旋翼之间的连杆（见图6-123）；安装连杆（见图6-124）。

图6-122　安装平衡杆

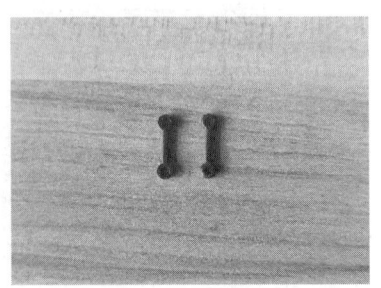

图6-123　连杆

制作好的遥控直升机如图 6-125 所示。

图 6-124　安装连杆　　　　图 6-125　成果展示

6.3.3　遥控直升机的试飞

1. 外形调整

（1）检查航空模型各个组件是否安装到位，包括机头、旋翼等。

（2）检查旋翼电机的减速齿轮是否正确啮合。

2. 飞行调整

选择开阔无风的场地进行试飞。先打开遥控器电源，再打开遥控直升机电源，航空模型就会自动对频。

3. 航空模型的微调调整

当航空模型逆时针偏航时，可以调整遥控器上左侧的微调按钮；相应地，当航空模型顺时针偏航时，可以调整右侧的微调按钮（见图 6-126）。

图 6-126　遥控器微调按钮

6.4 航拍利器——2.4G 遥控四轴无人机

6.4.1 多轴飞行器任务赛规则

1. 技术要求

参赛航空模型为具备六轴陀螺仪的遥控四轴飞行器，其轴距为 200～240mm，动力电池限用小于或等于 3.7V（1S）550mAh 的锂电池。

2. 比赛时间

每轮比赛时间为 2min，自选手点名进场开始计时。

3. 比赛方法

选手操纵航空模型依次完成各项任务，漏做任务重做无效。

4. 比赛任务要求及计分

（1）起飞、自转。航空模型由起降区起飞后，超过高度为 1.2m 的标志杆后自转一周，完成得 20 分。

（2）穿越圆环。圆环直径为 0.6m，圆心距地面高度为 1.2m，完成得 30 分。

（3）空中翻滚。做翻滚动作一次，完成得 10 分。

（4）穿越天井。从下向上穿越竖井，竖井直径为 0.6m、高度为 0.8m、底端距地面高度为 1m，井壁为网状，完成得 50 分。

（5）空中翻滚。做翻滚动作一次，完成得 10 分。

（6）冲出隧道。穿越口径为 0.5m×0.5m、长度为 1m 的隧道，隧道置于高度为 0.8m 左右的高台上，隧道壁为透明材质，完成得 50 分。

（7）着陆。飞回起降区着陆。着陆在直径为 0.6m 的圆内得 30 分；着陆在直径为 0.6m 的圆外的起降区内得 10 分；着陆在起降区以外判为 0 分。着陆压线按低分值计分。

5. 成绩评定

每轮比赛以完成任务的项目得分之和作为该轮成绩。

6. 判罚

(1) 航空模型着陆必须一次完成,在起降区外触地再进入区内的,以及在起降区内触地再停在区外的,成绩均计算为起降区外。

(2) 航空模型着陆时翻覆,不计着陆分。

7. 比赛场地

多轴飞行器任务赛场地示意图如图 6-127 所示,任务按逆时针方向均匀布置在直径为 6m 的圆上。

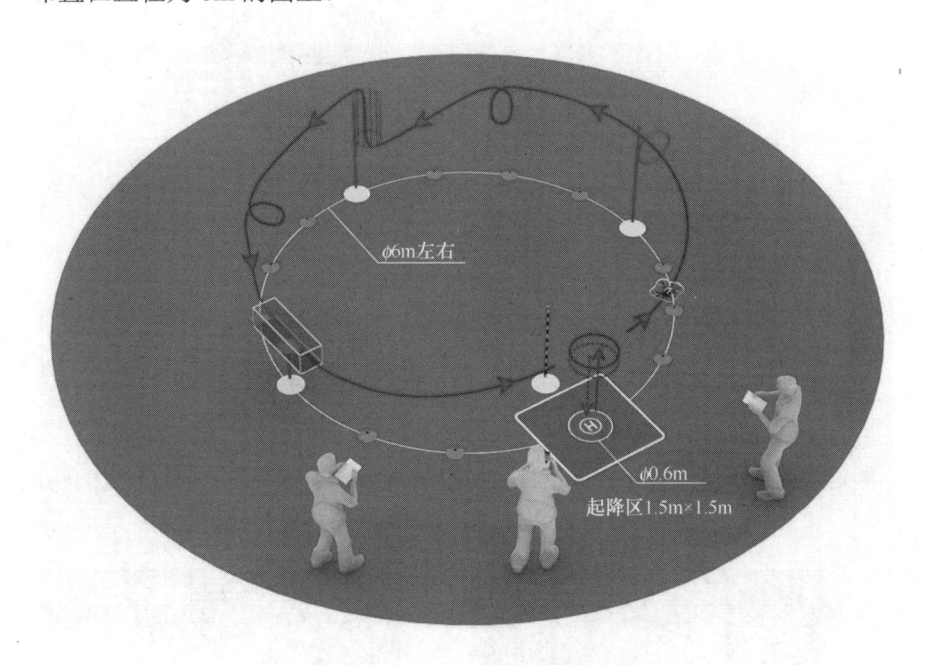

图 6-127　多轴飞行器任务赛场地示意图

6.4.2　四轴无人机的制作

相信大家都看过不少航拍大片吧,没错,它们大多数是利用四轴无人机拍摄的。旅行时,也可以携带一架无人机,随手一拍就是一部大片,另外,爬山时，还可以用它来侦测地形。注意：有些地区使用无人机需要与相关部门报备。

下面介绍制作一架简单四轴无人机的步骤。通过一系列的训练，大家可以掌握无人机的相关知识，之后使用功能更多的无人机就会更加得心应手。如图 6-128 所示，取出制作四轴无人机的相关材料，主要有机身、螺旋桨、保护罩、机架、电池、充电器、螺钉等配件。

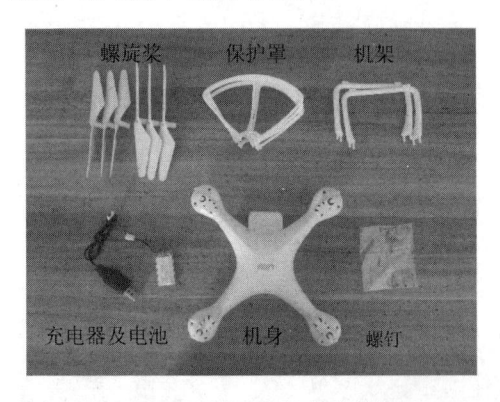

图 6-128　四轴无人机的有关材料

1. 安装螺旋桨

直升机旋翼分为正桨和反桨，目的是抵消扭矩，四轴无人机也使用正桨和反桨来保持平衡（见图 6-129）。

标有字母"A"的螺旋桨为正桨，其旋转方向为顺时针；标有字母"B"的螺旋桨为反桨，旋转方向为逆时针。四轴无人机的机臂上有电机的转向标识，根据提示将螺旋桨安装到正确的位置上（见图 6-130）。

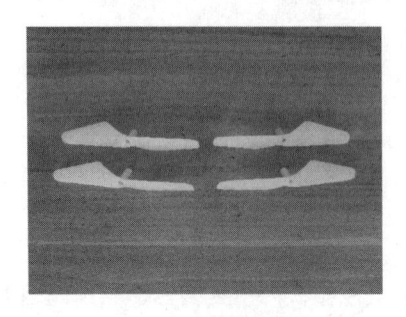

图 6-129　螺旋桨　　　　　　图 6-130　安装螺旋桨

将 4 个螺旋桨安装到四轴无人机机身上（见图 6-131）。

图 6-131　螺旋桨安装示意图

2. 安装保护罩及机架

高速旋转的四轴无人机螺旋桨威力不容小觑，对于刚接触四轴无人机的新手来说非常危险，安装螺旋桨保护罩是最有效、最直接的保护措施。保护罩上有插销（见图 6-132），机臂上有相应的卡槽（见图 6-133），方便安装保护罩。

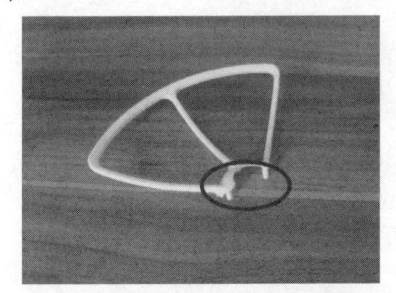

图 6-132　保护罩上的插销　　　　图 6-133　机臂上的卡槽

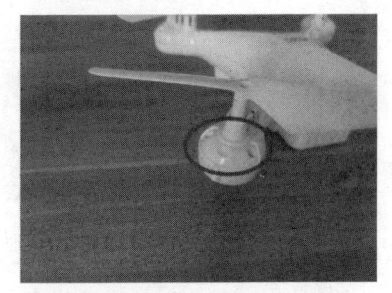

将 4 个螺旋桨保护罩安装到机臂上（见图 6-134）。

图 6-134　安装螺旋桨保护罩

取出四轴无人机的机架（见图 6-135），将机架安装到四轴无人机底部并用螺钉固定（见图 6-136）。

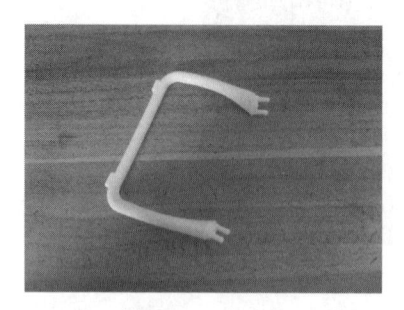

图 6-135　机架

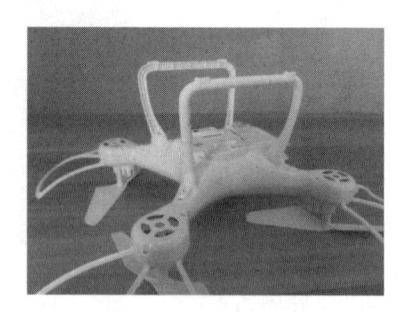

图 6-136　安装机架

3. 安装电池

如图 6-137 所示为四轴无人机的电池仓。

图 6-137　电池仓

打开电池仓，可以看到四轴无人机的电源线（见图 6-138）；将电池插入四轴无人机中，注意插口的正负极方向（见图 6-139）。

图 6-138　打开电池仓

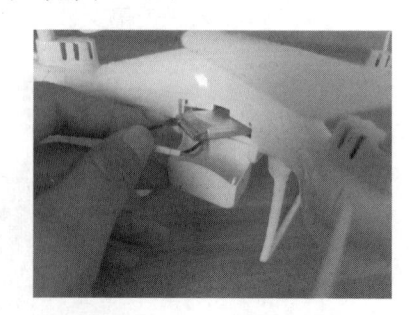

图 6-139　安装电池

制作好的四轴无人机如图 6-140 所示。

图 6-140　成果展示

6.4.3　四轴无人机的试飞

1. 外形调整

（1）检查四轴无人机螺旋桨、保护罩、机架是否安装到位。
（2）检查四轴无人机和遥控器电池电量是否充足。

2. 飞行调整

选择一个开阔的场地，首先打开遥控器电源，再打开四轴无人机电源，此时四轴无人机机臂下的指示灯慢闪；将油门摇杆推到最高，之后拉到最低，指示灯常亮，说明四轴无人机与遥控器对频成功，可以起飞。

如图 6-141 所示为四轴无人机遥控器，右侧的 4 个小按钮从上到下依次为前进微调、后退微调、左侧飞微调、右侧飞微调。四轴无人机在悬停状态下向前飞行需调整后退微调，直至四轴无人机能稳定悬停。其他情况同理。

3. 特殊调整

有时会遇到四轴无人机起飞后突然偏移的情况，来不及做微调时需要停止飞行，将四轴无人机放到水平地面上，将遥控器摇杆打成"外八字"（见图 6-142），四轴无人机上的指示灯变为快闪，几秒后变为常亮，说明四轴无人机重启成功，可进行飞行。

图 6-141 四轴无人机遥控器 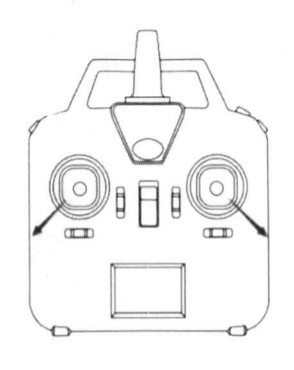　　图 6-142 "外八字"校准无人机

4. 特技飞行

四轴无人机遥控器的右上角有一个特技"翻滚"按钮（见图 6-143）。将四轴无人机飞到一定高度后，点击此按钮，然后向任意方向拨一下摇杆，四轴无人机就会朝这个方向做一个 360°的翻滚动作。

图 6-143 特技"翻滚"按钮

参考资料

[1] 历史有点冷. 1960 年东风一号发射，到底有多震撼. 百度，2022，05.

[2] 铁匠工坊. 火箭助推起飞：垂直/短距起降战机的概念发展开端. 搜狐网，2019，06.

[3] 国外视角. 飞机和火箭意外结合的产物：火箭助推飞机的发展历史. 百度，2021，02.

[4] 王书人. 中国线操纵特技模型飞机项目技术发展史（一）. 豆丁网，2014，06.

反侵权盗版声明

电子工业出版社依法对本作品享有专有出版权。任何未经权利人书面许可，复制、销售或通过信息网络传播本作品的行为；歪曲、篡改、剽窃本作品的行为，均违反《中华人民共和国著作权法》，其行为人应承担相应的民事责任和行政责任，构成犯罪的，将被依法追究刑事责任。

为了维护市场秩序，保护权利人的合法权益，我社将依法查处和打击侵权盗版的单位和个人。欢迎社会各界人士积极举报侵权盗版行为，本社将奖励举报有功人员，并保证举报人的信息不被泄露。

举报电话：（010）88254396；（010）88258888

传　　真：（010）88254397

E-mail：　dbqq@phei.com.cn

通信地址：北京市万寿路173信箱
　　　　　电子工业出版社总编办公室

邮　　编：100036